Kerstin Wendel

Prüft alles und behaltet das Gute

Das Buch zur Jahreslosung 2025

SCM

Stiftung Christliche Medien

SCM R.Brockhaus ist ein Imprint der SCM Verlagsgruppe, die zur Stiftung
Christliche Medien gehört, einer gemeinnützigen Stiftung, die sich für
die Förderung und Verbreitung christlicher Bücher, Zeitschriften,
Filme und Musik einsetzt.

© 2024 SCM R.Brockhaus in der SCM Verlagsgruppe GmbH
Max-Eyth-Straße 41 · 71088 Holzgerlingen
Internet: www.scm-brockhaus.de · E-Mail: info@scm-brockhaus.de

Soweit nicht anders angegeben, sind die Bibelverse folgender Ausgabe
entnommen:
Neues Leben. Die Bibel, © der deutschen Ausgabe 2002 und 2006
SCM R.Brockhaus in der SCM Verlagsgruppe GmbH, Holzgerlingen.

Weiter wurde verwendet:
Elberfelder Bibel 2006, © 2006 SCM R.Brockhaus in der SCM Verlagsgruppe
GmbH, Holzgerlingen. (ELB)
Hoffnung für alle® Copyright © 1983, 1996, 2002, 2015 by Biblica, Inc.®.
Verwendet mit freundlicher Genehmigung des Herausgebers Fontis –
Brunnen Basel. (HFA)

Lektorat: Damaris Müller
Umschlaggestaltung: Miriam Gamper-Brühl, www.3kreativ.de
Titelbild: Shutterstock/TWINS DESIGN STUDIO
Satz: τ-lexis, Heidelberg
Druck und Bindung: GGP Media GmbH, Pößneck
Gedruckt in Deutschland
ISBN 978-3-417-01009-1
Bestell-Nr. 227.001.009

Inhalt

Gewidmet denen, die bereit sind,
Schätze in der Bibel zu entdecken

Lesehinweise

In diesem Buch werden einige Icons verwendet, die auf Folgendes verweisen sollen:

 Nachdenken, erinnern, fühlen, fragen

 Was man tun kann (Aktionen und Schritte)

 Beobachten, anschauen

 Mit Gott ins Gespräch kommen

Häufig wird in diesem Buch von Gemeinde oder Kirche die Rede sein. Ich verwende beide Begriffe gleichbedeutend (also synonym) für den Zusammenschluss von Menschen, die gemeinsam an ihrem Wohnort Jesus Christus nachfolgen.

Aus Platzgründen habe ich nicht gegendert. Ich würde es gern so verstanden wissen, dass sich bei der männlichen Form ausnahmslos alle Leserinnen und Leser angesprochen fühlen.

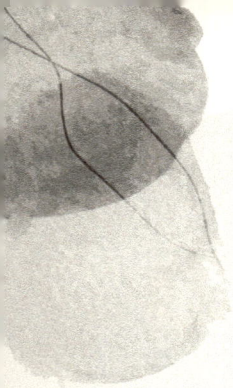

Prüft aber alles,
das Gute haltet
fest.

1. Thessalonicher 5,21 (ELB)

1. Ein Juwel entdecken

Von schlauen Füchsen

Es wiegt kaum etwas und ist gerade mal elf Zentimeter lang – das Wattmeter (ein Stromkostenmessgerät). Unser technisch interessierter Schwiegersohn hat es mitgebracht. Nun leiht er es uns für eine Weile, damit auch wir davon profitieren können, denn mit diesem kleinen Teil lassen sich leicht versteckte Kosten ermitteln.

Die Ukrainekrise hat seit Monaten wichtige Themen auf unsere Tagesordnung gesetzt. Eins davon: Wie spart der Deutsche Strom? Jetzt wird gemessen, verglichen, überlegt und nachgedacht. Mancher verabschiedet sich von Altgeräten, die alles andere als sparsam waren. Vielleicht sogar mit Energieeffizienz G – also mit äußerst niedriger Energieeffizienz – ausgestattet? Schauerlich. Andere setzen jetzt auf LED-Lampen. Wieder andere benutzen bestimmte Stromquellen gar nicht mehr. Wäre doch gelacht, wenn sich die Haustür nicht auch ohne Außenlicht finden ließe.

Doch, ja, der Deutsche ist ganz gut im Prüfen. Der eine vergleicht Angebote, um ein Schnäppchen zu ergattern. Der Nächste lässt sich die aktuelle Ausgabe von »Stiftung Warentest« kommen, bevor er den neuen Rasenmäher ersteht. Und anschließend genießen wir unser Eigenlob: Das haben wir ja mal wieder richtig gut hinbekommen! So viel Geld gespart! Bei den Rezensionen kann das ja nur eine gute Anschaffung sein. »Prüft alles – das Gute behaltet!« – so ähnlich formulieren es mehrere Bibelübersetzungen.

Wir können unglaublich vieles auf Wert, Tauglichkeit oder Schäden hin prüfen: Maschinen, Texte, Parteiprogramme, Sonderangebote, Spielgeräte, Münzen, Rechnungen, Verbrauch, Kassen, Personen, Dienstleistungen, gesellschaftliche Entwicklungen, uns selbst und – man mag schmunzeln – auch den Partner in spe, ob man ihn denn heiraten möchte. Dazu hat der Volksmund ein Zitat aus Friedrich Schillers Gedicht »Die Glocke« parat: »Drum prüfe, wer sich ewig bindet, ob sich das Herz zum Herzen findet.«

Wir untersuchen, kontrollieren, sehen durch, begutachten, prüfen und checken ab. Damit soll Schaden verhindert oder eingeschränkt werden. Manchmal handelt es sich nur um das zurückgegebene Wechselgeld, manchmal um Gravierenderes wie einen überfluteten Keller oder sogar eine mögliche Scheidung.

Dennoch stelle ich ein wenig infrage, dass wir dem Jahresvers bisher immer ausreichend gerecht geworden sind! Er ist anscheinend so verständlich, wirkt fast wie ein Sprichwort. Die Frage ist, ob es der ursprünglichen Absicht von Paulus entspricht, wenn wir ihn für alles Mögliche verwenden: für die Beurteilung einer Predigt (»Die war aber heute nicht tief genug!«) oder der Arbeit des Leitungskreises der Kirche (»Wäre es nicht besser, als Kirche weniger zu spenden? Die sollten die Ausgaben noch mal überprüfen!«). Ist dieser Vers dazu gedacht?

Neben unseren Alltagserfahrungen kennen wir große gesellschaftliche Herausforderungen. Der eine versucht vielleicht, einen Standpunkt im Umgang mit diversen sexuellen Identitäten zu gewinnen. Der Nächste möchte den Israelkonflikt oder die Hintergründe der AfD durchschauen. Will uns der Jahresvers dazu auffordern, das alles zu prüfen? Vielleicht möchte mancher Einspruch erheben: »Das ist doch keine Handlungsanweisung für den Alltag. Es geht doch um geistliche Dinge, oder?!«

Ja, unsere Jahreslosung bezieht sich zunächst auf »geistliche« Dinge. Da es uns aber guttut, wenn wir in unserem Leben »geistlich« und »weltlich« nicht trennen,[1] werden wir versuchen, ganzheitlichen Nutzen aus diesem Wort zu ziehen.

Vom Schatz (nicht nur) für dieses Jahr

Mit dieser Jahreslosung haben wir einen zeitlosen Schatz anvertraut bekommen. Schätze sind ja etwas Kostbares. Man kann sie suchen, entdecken, bestaunen, herausputzen, bewahren! Auf Schatzsuche wollen wir uns begeben, damit wir dieses Wort »entdecken«. Ganz ehrlich: Manches Bibelwort entfaltet seinen wahren Reichtum erst beim genaueren Hinschauen. Plötzlich erstrahlt ein Juwel! Ein echter Schatz!

Was brauchen wir für die Schatzsuche? Entdeckerfreude, Geduld, Offenheit, Vertrauen. Von Kindern können wir uns besonders Entdeckerfreude, Offenheit und Vertrauen abschauen. Darin sind sie groß! Außerdem lassen sie sich so gern beschenken! Auch das zeichnet sie aus. Jesus selbst hat sie uns ja als Beispiel vorgestellt, als er in Matthäus 18,2-3 ein Kind in die Mitte stellte.

Ich beobachte in nächster Zeit mal ein Kind, wie es seine Umgebung entdeckt oder etwas ausprobiert!

2. Lichterloh – es geht ums Feuer

Wenn die Tage im Herbst kälter werden, lieben wir es, unser Kaminfeuer anzuzünden. Als Mutter eines erfahrenen Rangers[2] bin ich einigermaßen damit vertraut, das Feuer fachgerecht vorzubereiten. Nussschalen und Zeitungsreste bilden ein gutes Fundament, dann kommt das professionell geschnittene Anmachholz meines Vaters dazu, darauf die größeren Kaminhölzer.

Ich sitze also vor dem Kamin und schichte auf. Im Nu hat das kleine Streichholz das Feuer entfacht: Nun kommt es darauf an, geschickt zu sein. Es geht um die passende Luftzufuhr. Die kann ich anfangs durch die große Ofenklappe und später durch einen kleinen Luftzug im Kamin regeln. Wenn ich mir nicht genügend Zeit nehme, um ausreichend Sauerstoff zuzuführen, weiß ich um die Konsequenz: Das Feuer erlischt! Aus. Vorbei. Manchmal geschieht das, noch bevor das Feuer überhaupt richtig ins Lodern gekommen ist.

Heute Abend bin ich ungeduldig, weil ich eigentlich Abendessen vorbereiten möchte. Also schnell zu – die große Klappe – und hoffen, dass es irgendwie funktioniert. Ich werfe einen prüfenden Blick ins Wohnzimmer: Das Kaminfeuer brennt doch hoffentlich? Von wegen. Nur noch ein Glimmen ist zu sehen.

Heiliger Geist – Geschenk des Vaters

Immer wieder wird der Geist Gottes im Neuen Testament mit den Bildern des Feuers und Brennens in Beziehung gebracht. Bereits Johannes der Täufer hat Folgendes vorausgesagt: »Er [Jesus] wird euch mit dem Heiligen Geist und mit Feuer taufen« (Lukas 3,16). Warum interessiert jetzt der Heilige Geist, warum sollten wir uns mit ihm beschäftigen? Um den Jahresvers zu verstehen, hilft der Blick auf den Zusammenhang. Kurz davor heißt es in Vers 19: »Unterdrückt den Heiligen Geist nicht.« Oder auch: »Löscht ihn nicht aus! Legt ihm nichts in den Weg.« Die Urgemeinde erlebte auf der ganzen Linie freie Bahn für den Heiligen Geist. Nichts unterdrückte ihn, nichts löschte ihn aus: »Und es erschienen ihnen zerteilte Zungen wie von Feuer, und sie setzten sich auf jeden Einzelnen von ihnen. Und sie wurden alle mit Heiligem Geist erfüllt und fingen an, in anderen Sprachen zu reden, wie der Geist ihnen gab auszusprechen« (Apostelgeschichte 2,3-4; ELB).

Das Feuer des Geistes! Was für ein schönes Bild! Konzentrieren wir uns auf die positiven Assoziationen, dann steht Feuer für Wärme und Licht. Jeder

Abend am Kamin erzählt davon. Man kann mithilfe des Feuers sogar Stockbrot backen oder leckere Gerichte kochen. Feuer kann also zur Versorgung beitragen.

Des Weiteren kennen wir den Ausdruck vom »Feuer der Liebe«, das in uns brennen kann. Frischverliebte und alle, die sich die Erinnerung an diese lichterlohen Zeiten gut bewahrt haben, wissen davon. Es geht um Leidenschaft! Dass der Partner etwas in uns ausgelöst hat, was es vorher nicht gab! Dieses Feuer schenkt Energie, über uns hinauszuwachsen, anfangs Liebesbriefe zu schreiben, Geschenke zu kaufen oder herzustellen, Tag und Nacht zu vergessen. Später Fehler zu verzeihen und Alltagsliebe entflammt zu halten.

Und die eher negativen Assoziationen? Feuer kann verbrennen, verletzen, vernichten. Im realen Leben kennen wir die verheerenden Auswirkungen von Bränden und Brandverletzungen. Geistlich gesehen kann Feuer auch »verbrennen« – vielleicht das, was in unserem Leben »ausgemerzt« gehört? Zum Beispiel negative Gedanken, Neid, Götzendienst, Süchte ... all das, was Paulus in Galater 5,19-21 unsere sündige Natur nennt. Das und anderes gehört »verbrannt«. Dieser Prozess kann mitunter auch wehtun, ist aber notwendig und positiv.

Feuer ist außerdem rasant schnell! Im Nu kann es um sich greifen. Manchmal ist es nicht zu löschen. Das kann im geistlichen Leben sogar hervorragend sein, wenn der Heilige Geist uns »entflammt« und im rasanten Tempo unser Leben verändert. Oder wenn er beispielsweise nicht nur einen Menschen, sondern eine ganze Gemeinde ergreift und entfacht.

Wenn Gottes Wort vom Feuer des Geistes spricht, möchte es uns an diese Aspekte erinnern! Als wir den Geist bekommen haben – bei der Bekehrung (Apostelgeschichte 10,44 ff.), bei oder nach der Taufe (Apostelgeschichte 2,38; 8,15-17) –, haben wir ein Geschenk erhalten!

Der Geist Gottes kann all das, was ein gewöhnliches Feuer auch kann: Er schenkt uns die innere Wärme für unser geistliches Leben, spendet Licht für unseren Weg, ernährt uns innerlich, hält das Feuer der Liebe zwischen Jesus und uns lebendig und kann sogar ganze Gemeinden ergreifen. Er kann aber auch ausmerzen, was für unser Leben nicht brauchbar ist.

 Was verbinde ich bisher mit dem Stichwort »Heiliger Geist«?

Es geht also hier am Anfang um den Heiligen Geist, weil eine seiner Wirkungen prophetisches Reden ist. Genau das soll nicht verachtet, sondern geprüft und genutzt werden. Außerdem ist er Motor unserer persönlichen Veränderungen und Wegweiser, wenn wir Orientierung in kniffligen Fragen suchen. All das wird uns noch beschäftigen.

Unsichtbar, aber lebendig

Vor einigen Jahren starb eine ältere Frau, die wir
aus unseren Lüneburger Zeiten gut kannten. Ein
Goldstück. Als ich auf der Beerdigung von ihr Abschied nehmen musste, habe ich mich gefragt: Kann
ich etwas von ihrem »Geist« hinüberretten in mein
Leben?

Das unglaublich Entlastende des Heiligen Geistes ist, dass wir nicht mühsam darum ringen müssen, etwas von ihm und seiner Wirkkraft in unser
Leben hinüberzuretten. Jesus hat uns seinen Geist
versprochen, als es um seinen Abschied ging. Er hat
uns damit – siehe oben – beschenkt. Seither sind wir
versorgt! Und das nicht nur gerade so, dass es fürs
geistliche Überleben reicht. Sondern es kann sich
noch etwas entwickeln. Der Heilige Geist hat Geschenke im Gepäck, die nach und nach ausgepackt
werden können.

Ich kenne es aus meinem eigenen Leben, dass ich
anfangs nicht sehr vertrauensvoll dem Geist Gottes
gegenüber eingestellt war, sondern eher argwöhnisch und misstrauisch. Nachdem ich in der Lebens-
mitte endlich meine Gefühle entdecken durfte und
manches Misstrauen Menschen gegenüber hinter
mir lassen konnte, entwickelte sich vieles. Auch im
geistlichen Bereich. Ich konnte mich nach und nach
für das Reden des Geistes öffnen. Davon werde ich
später noch genauer berichten.

Vielleicht »bekehrt« sich also im Laufe des Lebens ein Herz zu Gott, nachdem das vorher nur der Verstand getan hat? Jemand öffnet sich bewusst dem Heiligen Geist, ein anderer sucht aktiv eine Gabe oder bekommt sie unverhofft. Wieder ein anderer sieht im Leben eines Mitchristen jesusgemäßes Verhalten und ist motiviert, sich das nun auch von Jesus zu wünschen.

Es gilt: »Er [Gott] ... bestätigt, dass wir zu ihm gehören, indem er uns den Heiligen Geist ins Herz gab. Dieser ist eine Sicherheit für alles, was er uns noch schenken wird« (2. Korinther 1,21-22). Vorausgesetzt natürlich, wir möchten das! Der Heilige Geist ist unsere »unsichtbare Garantie«. Eine Sicherheit für uns, eine Bestätigung unserer Gotteskindschaft und eine Verheißung für unsere kommenden geistlichen Entwicklungsschritte.

Seine Gaben

Gott ist von seinem Wesen her immer überaus großzügig. Wir haben festgestellt: Sein Geist lebt nicht nur in uns, sondern er hat auch noch etwas auszuteilen: die sogenannten Geistes- oder Gnadengaben (Lesetipp: 1. Korinther 12 und 14).

Vielleicht kommt jetzt bei einigen Skepsis auf. Geschenke des Vaters? Da fallen uns zunächst andere Dinge ein, für die wir uns gerne bewerben würden. Viele Christen stehen mir vor Augen, die ich schmachtend sagen hörte: »Ach, hätte ich so eine schöne Stimme wie ...« Oder: »Mit welcher Leichtigkeit der ... im Welcome-Team die Leute begrüßt! Wenn ich doch auch so frei mit anderen sprechen könnte!« Wir bewerben uns liebend gern für »unsere« selbst ausgesuchten Gaben. Es sind oft natürliche Begabungen oder Stärken, die wir attraktiv finden. Dabei ist es relativ wahrscheinlich, dass Gott es bei den natürlichen Gaben belässt, mit denen er uns von Geburt an ausgestattet hat.

Mit anderen aber steht er bereits in Position. Mit geöffneten Händen möchte Gott austeilen. Ich ahne: Er wartet auf unsere Bereitschaft, unsere Sehnsucht und unser Interesse! Paulus schreibt: »Aber bemüht euch auch um die besonderen Gaben, die der Geist zuteilt, vor allem um die Gabe der Prophetie« (1. Korinther 14,1b). Hier geht es also nicht nur darum, den Geist nicht auszulöschen, sondern vielmehr darum, ihn mit seinen Gaben herbeizusehnen! Freie Bahn für sie zu bereiten. Sie zu wollen. Nichts zu unterdrücken, was sich entfalten möchte.

Warum gibt es diese Gnadengaben überhaupt? Weil Gott durch sie Stärkung, Ermutigung, Festigung in Einzelnen und seiner Kirche anstoßen möchte! Wir werden auf den außerordentlichen Nutzen noch zu sprechen kommen.

Lassen wir Luft zufließen!

Ich lade Sie ein, mit mir vor dem Kamin zu knien und für ausreichend Luftzufuhr zu sorgen! Das ist natürlich nur ein Bild. Was meine ich? Bereits an dieser Stelle können wir uns beim Lesen entscheiden, ob wir das Feuer des Geistes gleich wieder auslöschen möchten. Klappe zu. Das Feuer glimmt nur noch. In dieser Gefahr standen damals wohl auch die Thessalonicher. Lesen wir, wie so etwas geschehen kann:

In den 1980er-Jahren: Ich bin mit meinem damaligen Freund (und heutigen Ehemann) Uli in »seiner« Hamburger Gemeinde. Während der Studienzeit hat er sich – wohlgemerkt als gefühlsmäßig recht zurückhaltender Mensch – eine charismatische Baptistengemeinde ausgesucht. Ich gehe also mit zum Gottesdienst. Und falle aus allen Wolken! Hier gibt es lange Lobpreiszeiten, Sprachengesang, Prophetien, Auslegung, Heilungsgebete. Das volle Programm. Zwischen all den Gottesdienstbesuchern ist mein eher zurückhaltender Uli, sitzend, nicht stehend wie viele andere, aber durchaus interessiert und offen.

Und Kerstin? Zieht fast alle Register: Skepsis, Angst, Unkenntnis … Ich bin aufgewühlt. Da sitze ich also vor meinem geistlichen Kamin und schließe ganz schnell die Klappe! Bloß keine Luft zuführen. Das Feuer soll nur in dem kleinen Maß glimmen, wie ich es bisher kannte. Es entspricht dem Wesen des Heiligen Geistes, dass er unsere Entscheidungen achtet.

Damals habe ich meine Entscheidung getroffen: Diese Art von Glauben, in die ich ja nur kurz hineingeschnuppert hatte, liegt mir nicht. Gottes Geist hat das respektiert. In Folgekapiteln werde ich berichten, wie es mit mir weitergegangen ist.

»Unterdrückt den Heiligen Geist nicht«

Das ist die deutliche Aufforderung. Welche innere Haltung kann uns helfen, damit wir im geistlichen Leben keine Unterdrücker sind, sondern Förderer werden? Ich glaube, es beginnt damit, dass wir uns tiefer mit dem Heiligen Geist befreunden, ihn kennenlernen, ihn wertschätzen. Jakobus schreibt: »Alles, was gut und vollkommen ist, wird uns von oben geschenkt, von Gott, der alle Lichter des Himmels erschuf« (Jakobus 1,17). Der Heilige Geist gehört dazu. Der Heilige Geist ist »von oben« geschenkt und durch und durch gut. Ohne Wenn und Aber.

Sind wir schon so weit, dass wir das glauben können? Dieses notwendige Vertrauen wird darüber entscheiden, ob und wie wir in unserem geistlichen Leben weiterwachsen! Manche von uns haben negative Erlebnisse und Erfahrungen im geistlichen Gepäck. Dafür können wir nichts. Mitunter haben sie uns echt geschadet. Ja, es stimmt, was manche von uns selbst erlebt haben oder wovon wir gelesen haben: Göttliches kann durch Menschliches oder

Teuflisches entarten! Genauso gilt: Diese Erfahrungen werden das Wesen des Geistes Gottes nicht verändern. Denn es ist ja das Wesen unseres Vaters im Himmel. Das ist und bleibt durchgehend gut. Deshalb ist Vertrauen gefragt, vorbehaltloses Denken und Fühlen dem Geist Gottes gegenüber.

Von geistlichen Löschmanövern und Unterdrückungsmethoden

Ab und an lade ich zwei kleine Jungs zu mir ein. Einmal wollten wir gemeinsam backen. Einer von ihnen mochte sich gar nicht damit anfreunden, den Teig kräftig durchzukneten, sich die Hände klebrig und fettig zu machen. Hatte er zu häufig gehört: »Jetzt wasch dir aber mal endlich die Hände!« oder »Wie du schon wieder aussiehst!«? Jedenfalls war er gehemmt im Umgang mit Teig.

Unterdrückung ist selten gut. Wir kennen sie aus kranken Familien- oder Gemeindestrukturen und natürlich aus unserer großen Welt. Meistens bringt sie Negatives hervor: willenlose oder verbogene Menschen, belastete Kirchen, erniedrigte Völker. Gibt es auch geistliche Unterdrückung, Hemmung, Ausbremsung?

Ich möchte einige von ihnen vorstellen:

Angst und Skepsis

Mein Hauptgefühl in Ulis Gemeinde war genau das: Angst. Was kommt denn da jetzt auf mich zu? Bedenken. Skepsis.

Mancher kann seine Ängste vielleicht begründen, ein anderer spürt sie einfach nur. Damit stehen wir nicht alleine da. Ich habe von Menschen erfahren, die mit ihrer Angst einen langen Weg vor sich hatten. Beispielsweise Jack Deere, Professor für Theologie, alttestamentliche Exegese und semitische Sprachen, zunächst unerfahren und ablehnend dem Heiligen Geist gegenüber. Er schreibt vor seinem ersten Erlebnis mit prophetischer Rede. Nachdem er Eindrücke erhalten hatte, bemerkt er selbstkritisch: »Jetzt wäre es eigentlich angebracht gewesen, wie der Psalmist auf die Knie zu fallen und die Völker aufzurufen, Gott die Ehre zu geben. Aber ich konnte nicht. Ich hielt an meiner Maske aus Gleichgültigkeit fest. Vielleicht war es Sturheit, vielleicht Stolz. Vielleicht hatte ich einfach zu viel Angst, meine Emotionen öffentlich zur Schau zu stellen.«[3] Jack Deere hat seine Ängste und Skepsis später überwunden und sogar ein Buch über Prophetie geschrieben.

Geheime Ängste und Vorbehalte können behindern. Vielleicht ist es die Angst vor Kontrollverlust? Dass Gottes Geist etwas mit uns machen könnte, sodass wir die Kontrolle abgeben müssen? Bibellesen und Beten sind da scheinbar sicherer. Da kann nicht so viel »passieren«!? Gott achtet unsere ängstlichen oder skeptischen Gefühle. Er will uns sanft darin begegnen.

> Es ist an der Zeit, meine Ängste wahrzunehmen, zu spüren, zu benennen. Das kann unspektakulär im Gartenstuhl oder auf der Couch erfolgen. Oder im Gespräch in meiner Zweierschaftspartnerschaft oder Seelsorge. Dazu eignet sich beispielsweise das folgende Gebet:
>
> Geist Gottes, ich bringe dir all meine Ängste, meine Skepsis und meine Vorbehalte. Ich lege meine Gedanken und Gefühle in deine guten Hände. Lehre mich, zu vertrauen. Führe mich meinen nächsten Schritt.

Das ist ein schlichtes Gebet, aber es wird Folgen haben. Warum diese Einladung? Weil Gottes Geist gut ist.

Negativerfahrung

Ute berichtet: »Eine Schwester aus meiner Gemeinde hat öfter prophetische Worte empfangen. Ich habe einmal ihren Dienst in Anspruch genommen und würde es nie wieder tun. Sie hat mir damals von einer beruflichen Entscheidung abgeraten und felsenfest behauptet, dass sie sehr deutlich wisse, ich solle nichts Neues wagen. Ich habe das ungeprüft übernommen, bin in meinem alten Job geblieben und habe mich dort zwei Jahre abgequält. Dann habe ich mich schweren Herzens dazu entschieden, gegen den damaligen Rat Schritte in eine andere Richtung zu wagen. Die haben sich als richtig erwiesen.« Wie tragisch! Da ist richtig viel schiefgelaufen. Ute hat sich lange nicht davon erholen können.

Sicher keine Einzelerfahrung. Dennoch halte ich dagegen: Ich glaube, dass man sich davon erholen kann. Wir müssen uns als Christen ja von manchem erholen. Einiges ist leicht: Von einer mäßig vorbereiteten Predigt oder einer finanziellen Fehlentscheidung des Leitungskreises kann man sich mit gutem Willen zügig erholen. Wir steigen einfach über die Fehler drüber. Kopf schütteln, Krone richten und weiter geht es. Wer will sich denn noch lange mit so etwas aufhalten, während Gott sein Reich auf dieser Welt bauen möchte?

In Utes Beispiel wird die Erholung wesentlich länger brauchen. Da geht das Darübersteigen nicht so einfach oder schnell. Aber es ist möglich. Wenn es um die Wirkungen des Heiligen Geistes geht, scheinen die Hürden zum Darübersteigen manchmal höher zu liegen. Vielleicht, weil auch die Verletzungen tiefer sind. Wir kommen einfach nicht darüber hinweg. Unser Anlauf reicht nicht aus? Zu unserem Glück reicht aber die Heilkraft von Jesus Christus aus, um auch solche gravierenden Wunden zu heilen.

Ich möchte eine geistliche Übung vorstellen, durch die wir Anlauf nehmen können, der ausreicht. Auch sie ist unspektakulär. Man kann sie zu Hause für sich allein praktizieren, am besten aber zusammen mit einem geistlichen Begleiter. Dadurch können wir loslassen und befreit weiterziehen.

> Ich möchte mit folgendem Erlebnis aus der Vergangenheit ... bewusst in die Vergebung gehen, das Kreuz von Jesus zwischen mich und die Erfahrung oder die Menschen stellen.

Vielleicht macht Gottes Geist anschließend weitere Schritte deutlich, die man professionell begleitet gehen kann. Warum diese Einladung zum Kreuz? Weil Gottes Geist gut ist und uns befreien und heilen möchte.

Unkenntnis

Ich mag es, mir unbekannte Rezepte auszuprobieren: Lasagne mit Bohnen und Pesto? Dieses Rezept habe ich neulich in der Zeitung gefunden. Also Zutaten gekauft und, als mein Sohn zu Besuch war, diese Lasagne für uns drei zubereitet. »Und?«, frage ich zum Schluss in die Männerrunde. Mein Bester ist diese Rückfrage gewohnt. Er darf entscheiden, ob das neue Rezept in den gemeinsamen Fundus aufgenommen wird. »War lecker!«, kommt anerkennendes Nicken von rechts.

Da ich jeden Monat etwas Neues ausprobiere, sind unsere Gaumen Unerwartetes gewohnt. Ich finde, diese lukullische Erfahrung lehrt vieles fürs Leben: Es gibt immer noch manches zu entdecken, zu erobern, zu schmecken und zu gewinnen!

Ich erwähnte schon, auf welche Art und Weise wir den Geist Gottes empfangen können. Wir sind also ausgestattet mit ihm, der in uns wohnt und uns tröstet, ermahnt, erinnert, ermutigt. Dennoch bedeutet das nicht, dass wir automatisch umfassend über den Heiligen Geist und seine Wirkungen Bescheid wissen. Als ich damals in der charismatischen Hamburger Gemeinde war, fehlte mir manches Wissen. Das ist kein Problem, denn wir können uns für Neues öffnen, auch für geistlich Neues. Wir können dazulernen.

Entdeckungsreise! Ich nehme eine Konkordanz zur Hand, beginne mit einer Bibelstelle über den Heiligen Geist. Das wird spannend!

Warum sollten wir unsere Kenntnisse erweitern? Weil Gottes Geist gut ist und uns lehren möchte.

Gleichgültigkeit

Mancher von uns hat kaum Ängste dem Geist Gottes gegenüber, hat erfreulicherweise auch keine negativen Erfahrungen gemacht, sondern empfindet einfach kein besonderes Interesse. Vielleicht sind wir von anderen Schwerpunkten geprägt? Bibellesen und Gebet, die natürlichen Begabungen einsetzen oder soziales Engagement waren bisher immer wichtiger. Wir vermissen scheinbar nichts und sind deshalb auch nicht auf der Suche.

Warum sollten wir auf die Suche gehen? Weil Gottes Geist gut ist und uns beschenken möchte.

Selbstzufriedenheit

Noch lähmender ist geistliche Selbstzufriedenheit: »Es läuft doch alles – bei mir selbst und in meiner Kirche.« Ich meine, dass hier eine ganz große Gefahr für uns westliche Christen lauert. Wir haben uns so gut eingerichtet in unserem bürgerlichen Leben mit Auto, Haus und Kind und irgendwo auch noch Kirche. Wir erleben selten geistliche Herausforderungen, die uns an den Rand unserer (geistlichen) Möglichkeiten bringen und uns ganz stark auf Jesus werfen würden. Wir müssen durch keine Verfolgungssituation wie Christen in anderen Ländern. Wir sind so abgelenkt von To-dos und medialer Berieselung, dass zeitlich kaum Platz bleibt für »mehr«.

Warum nach »mehr« fragen? Weil Gottes Geist gut ist und er mit und durch uns sein Reich auf dieser Welt verwirklichen möchte.

 Kenne ich geistliche Unterdrückung oder Löschmanöver?

Es gibt also mehrere Möglichkeiten, den Heiligen Geist zu unterdrücken. Unsere Unkenntnis, Gleichgültigkeit, negative Erfahrungen und Gefühle können den Geist Gottes gedämpft halten. Aber wir sind die Entscheider! Wir selbst dürfen darüber entscheiden, welchen Gedanken, Gefühlen und Erwartungen wir in Zukunft Raum geben. Was für eine Chance!

Neugierig glauben lernen

»Lasst den Geist Gottes ungehindert wirken«, so formuliert es eine Bibelübersetzung (1. Thessalonicher 5,19; HFA). Für uns Christen gibt es also immer noch manches zu entdecken, zu erobern, zu schmecken, zu sehen und zu gewinnen!

Ute kann heute rückblickend erkennen, dass sich schon damals in ihrer beruflichen Unzufriedenheit das sanfte Wirken des Heiligen Geistes gezeigt hat.

Mit einer kompetenten Seelsorgerin hat sie ihre Negativerfahrung verarbeitet. Sie konnte der Prophetin und auch sich selbst das fehlende Prüfen vergeben, hat neuen Mut für die berufliche Umorientierung gewonnen und später positive Erfahrungen mit dem Hören auf Gott gemacht. Wie schön für sie!

Werden wir lebenslange Entdecker und Eroberer für das, was Gottes Geist bereithält! Gottes Geist kann praktisch aufzeigen, wie wir dem geistlichen Kamin Luft zuführen können:

> Ich bete um neue Aufmerksamkeit für die sanften Hinweise des Geistes.
> Oder: Ich wünsche mir erste Erfahrungen im Hören auf Gott.
> Oder: Ich erbitte eine bestimmte Geistesgabe.
> Oder?

Was ist Ihr nächster neugieriger Schritt?

3. Eröffnet – das geistliche Spielfeld! Prophetische Rede kennenlernen, prüfen, wertschätzen

Wir kommen »allein« so schnell an unsere Grenzen ...

Kennen Sie auch dieses Gefühl, ratlos zu sein? Gerade nicht zu wissen, wie Sie dieses oder jenes entscheiden sollen? Obwohl Sie vielleicht jede Menge gelesen, gegoogelt, darüber nachgedacht und gefragt haben. Vielleicht geht es um die Prioritäten, die Sie im kommenden Jahr setzen wollen. Oder um ein Ehrenamt, das Sie übernommen haben. Auch im Rahmen von Gemeindearbeit gibt es manchmal große Herausforderungen und wichtige Fragen. Vielleicht geht es um eine Stadtteilarbeit, um eine bauliche Veränderung oder eine neue Stellenausschreibung für den zweiten Hauptamtlichen.

Auch wenn wir über den persönlichen und gemeindlichen Tellerrand hinausschauen, sehen wir Probleme, die es so gut gebrauchen könnten, das man göttliche Eindrücke prüft und das Gute behält! Denken wir beispielsweise an die großen gesellschaftlichen Herausforderungen wie Klimakrise, Rechtsradikalismus oder Zuwanderungsproblematik.

Im Umgang mit Herausforderungen kennen wir manche Reaktionen: den Kopf in den Sand stecken, blinden Aktionismus, intellektuelles Abwägen, Pro-und-Kontra-Listen schreiben, nach Schlagwörtern googeln, Wikipedia-Artikel überfliegen, Podcasts hören oder erhitzte Diskussionen führen. Manches davon ist gut und bringt voran. Anderes lähmt.

Aber: Die geistliche Dimension suchen, die Öffnung nach oben wollen, die Weisheit des Heiligen Geistes und seine Kraftwirkungen in Anspruch nehmen kann uns an so mancher Stelle voranbringen. Es kann das Leben erleichtern. Es befreit Herzen von Sorgen, schenkt Mut für außergewöhnliche Entscheidungen, gibt überirdischen Frieden und entfacht Geduld für die Langstrecke. Darum soll es in diesem Kapitel gehen.

Hallo Kirche – wer seid ihr?

Wir wollen hineinschnuppern in die frisch gegründete Kirche in Thessaloniki! Was waren das für Menschen? Stand ihnen jemand mit Rat zur Seite, oder waren sie sich selbst überlassen? Was brachte sie voran?

Thessaloniki – das heutige Saloniki – war schon damals, ca. 50 nach Christus, eine Hafen- und Handelsstadt im Nordosten Griechenlands. Zum einen am Mittelmeer, zum anderen an der Via Egnatia, der damaligen Hauptverkehrsader zwischen Rom und dem Osten, gelegen. Es war also kein verschlafenes Nest, da war auf jeden Fall was los. Zweite Christengemeinde in Europa nach Philippi. Eine wirklich frische, neue Bewegung!

Ihre Mitglieder? Das Umfeld war dem christlichen Glauben gegenüber nicht überwältigend offen (Apostelgeschichte 17,11). Die Gemeinde bestand hauptsächlich aus Heidenchristen – Menschen aus dem Freundeskreis der damaligen Synagoge, die sich bekehrt hatten – und wenigen Juden. Man kann davon ausgehen, dass die Gemeindemitglieder über jüdisches Grundwissen verfügten. Sicher waren die meisten aber in der Thora nicht so bewandert wie Juden. Von Anfang an waren Männer und Frauen dabei. Wahrscheinlich war es eine sozial gemischte Gruppe, zu der auch ärmere und einfache Menschen gehörten.

Diese Thessalonicher haben eine ungefähr dreiwöchige intensive Zeit (Apostelgeschichte 17,2) mit Paulus und den Mitstreitern Silas und Timotheus erlebt. Auf ihrer Missionsreise waren die drei dort, um zu predigen und – so die Hoffnung – Gemeinde zu gründen. Herrlich! Jeder, der mal eine kleine oder größere Erweckung miterlebt hat, kann sich an diese Aufbruchstimmung, die Euphorie und den Zauber des Neuanfangs erinnern. Kurt Puttkammer beschreibt es so: »Hier ist junges Christentum in der Zeit der ersten Liebe ...«[4]

Kaum hat die kleine Kirche Fahrt aufgenommen, gibt es einen Tiefschlag, denn es entstehen

Tumulte, die zur Abreise von Paulus und Silas führen. Es gefällt eben nicht allen, dass dort eine Kirche gegründet wurde. Gerade erst haben sie sich kennengelernt, und schwups, schon ist Loslassen der geistlichen Väter angesagt. Es ist anrührend, dass der Impuls zum Loslassen sogar von diesen jungen Christen ausgeht (Apostelgeschichte 17,10). Sie klammern nicht. Dennoch ist es für alle herausfordernd: Sie stehen nun ohne Führung da, Paulus und seine Mitarbeiter mit ihren fürsorglichen Gedanken ebenfalls. Also beten sie wie die Weltmeister für ihre Schäfchen (1. Thessalonicher 1,2-3). Denn weiß man nach rund drei Wochen wirklich viel vom christlichen Glauben? Vielleicht genug, um eine erste Basis zu haben. Aber es waren bestimmt noch viele Fragen offen.

Paulus kann nicht noch mal selber zurückkommen, um die Thessalonicher zu fördern. Dafür gibt es wahrscheinlich gute Gründe: Vielleicht befürchtete er erneute Verfolgung oder ungünstige Reisebedingungen? In 1. Thessalonicher 2,18 nennt er sogar den Satan als Blockierer seiner Reisepläne und damit als Störer des Gemeindebaus. Aber er findet eine Lösung und schickt Timotheus mit einem Brief nach Thessaloniki (1. Thessalonicher 3,1-2). Timotheus wird in der Apostelgeschichte als bewährter Jünger vorgestellt. Offensichtlich hatten die Juden ihn nicht auf dem Kieker (Apostelgeschichte 17,13-14). So gelangt also der Brief des Paulus nach Thessaloniki, ein

Liebesbrief, der guttun soll.[5] Einzige Chance, diese
lieb gewonnenen Griechen aktiv zu stärken und zu
fördern! Paulus hat sich bestimmte Lehrthemen vorgenommen, beantwortet Fragen der Thessalonicher,
und abschließend gibt er gute Ratschläge.

Rat für Starter

Ratschläge? Meistens wollen wir ja keine hören, die
gut gemeinten Ratschläge für jede Lebenslage. »Hast
du es schon mit Ingwer probiert?« »Herr Seifert gibt
wirklich hervorragende Englisch-Nachhilfe, vielleicht schickst du Sven dort mal hin?« Vielleicht haben wir Arthroseschmerzen, oder unser Sohn kriegt
in Englisch trotz Unterstützung einfach kein Bein auf
den Boden. Trotzdem sind wir manchmal genervt
davon, wieder neue Ratschläge zu hören.

Die Lage in Thessaloniki ist eine andere. Jung
im Glauben, können die Heidenchristen Ratschläge, Ermahnungen, Hinweise gebrauchen. Sie sind
innerlich aufnahmebereit. Außerdem ist ja bereits
deutlich geworden: Zwischen Paulus und den Thessalonichern besteht eine gute und liebevolle Beziehung. Das ist das Fundament, auf dem Ermahnungen und Ratschläge generell besser angenommen
werden.

Ich kenne das aus meiner Zweierschaft mit einer
Freundin. Wir treffen uns zum Austausch und Ge-

bet. Manchmal kommt eine von uns nicht richtig weiter, tritt auf der Stelle. Wir haben uns angewöhnt, dann zu fragen: »Darf ich dir dazu etwas sagen?« Wenn wir das bejahen, bekommen wir guten Rat. Das Fundament, auf dem wir es voneinander annehmen können, ist unsere liebevolle und herzliche Beziehung. Genauso ist es zwischen Paulus und den Thessalonichern.

Eröffnet – das geistliche Spielfeld!

Auch Paulus hat praktische Ratschläge zur Hand. Es sind:

> Hinweise zum Verhalten innerhalb der jungen Gemeinde wie: »Haltet Frieden untereinander« (1. Thessalonicher 5,13b),
> Anregungen für die Gottesbeziehung wie: »Hört nicht auf zu beten« (1. Thessalonicher 5,17) und
> Ratschläge für den Umgang mit dem Heiligen Geist: »Unterdrückt den Heiligen Geist nicht« (1. Thessalonicher 5,19).

Wir erhalten auch Hintergrundinformationen: Innerhalb der knappen Gründungszeit scheint es gelungen zu sein, eine Art Gemeindestruktur zu etablieren. Es ist von Leitern die Rede (1. Thessalonicher 5,12). Auf jeden Fall sind erste Erfahrungen mit dem

Feuer des Geistes gemacht worden. Sonst hätte sich Paulus wohl nicht dazu geäußert.

Jetzt wird es atemberaubend spannend für uns! Paulus hätte ja auch schreiben können: »Übrigens, was die Wirkungen des Heiligen Geistes betrifft, da wagt euch zunächst besser nicht heran. Das besprechen wir irgendwann später, vielleicht, wenn einer von uns wieder bei euch sein kann. Da machen wir mal eine ganze Bibelstunden-Reihe zum Thema. Wisst ihr, es kann zu viel schiefgehen ...«

Doch Paulus tritt nicht auf die geistliche Bremse. Im Gegenteil. Er ermutigt dazu, Vollgas zu geben. Damit eröffnet er das geistliche Spielfeld. Er regt dazu an, prophetisches Reden wertzuschätzen, und traut den blutjungen Christen zu, dass sie es richtig beurteilen und prüfen können.

 Welche Gedanken und Gefühle kommen mir spontan, wenn ich das lese?

Im Geiste sehe ich einige heutige Christen die Hände ringen: »Paulus, was machst du da? Bist du dir sicher, dass das gut geht? Hast du das wirklich von Gott empfangen? Woher nimmst du die Freiheit, unerfahrene Christen auf die geistliche Spielwiese zu schicken?« Und andere? Sie hätten vielleicht begeistert ausgerufen: »Ja! Das ist die Richtung, in die man vorwärtsgehen muss! Jetzt sind die Leute noch offen für krasse, starke Erfahrungen mit dem Geist Gottes. Weiter so!«

Vielleicht hätte Paulus uns allen geantwortet: »Liebe Leute, vertraut! Der Geist kann doch alles: sich auswirken und sich zeigen, Gaben freisetzen und uns außerdem befähigen, achtsam damit umzugehen!« Der kluge und studierte Paulus scheint keinerlei Berührungsängste im Umgang mit dem Heiligen Geist zu kennen. Genau so zu lesen in anderen Paulusbriefen.

Die Römer bekommen wie die Thessalonicher reine Ermutigung: »Hat Gott dir zum Beispiel die Gabe der Prophetie gegeben, dann wende sie an, wenn du überzeugt bist, dass Gott durch dich redet« (Römer 12,6b). Die Korinther haben bereits Erfahrungen mit Geistesgaben. Sie bekommen deutliche Ansagen, damit im Gottesdienst eine klare Ordnung da ist: Zum Beispiel sollen sie nicht ungeordnet Prophetien von sich geben, sondern sich an Reihenfolgen halten und andere Propheten wertschätzen.[6]

Freie Fahrt für den Heiligen Geist! Wie spannend ist das denn! Gleichzeitig herausfordernd und lehrreich auch für uns!

 Kenne ich eine Erfahrung mit dem Heiligen Geist, die einfach entspannt, positiv, segensreich war?

Zurück zu unserer Jahreslosung: Um sie besser verstehen zu können, ist es nötig, dass wir uns mit prophetischer Rede beschäftigen. Denn diese steht im direkten Zusammenhang mit dem »Prüfen« und

»Behalten«: »Unterdrückt den Heiligen Geist nicht. Verachtet das prophetische Reden nicht, sondern prüft alles, was gesagt wird, und behaltet das Gute« (1. Thessalonicher 5,19-21).

Wir müssen also fragen: Was ist »prophetische Rede« im Neuen Testament? Denn nur, wenn wir davon eine Vorstellung haben, kommen wir weiter ...

Prophetische Rede: Offenbartes zum Weitergeben

Prophetische Rede, auch Weissagung genannt, gehört zu den geistlichen Gaben (siehe Gabenkatalog von Paulus in 1. Korinther 12, besonders Vers 10).[7] Es wäre sehr aufschlussreich, wenn wir von Paulus eine genaue Definition bekommen hätten, was er unter prophetischer Rede versteht. Leider finden wir so etwas im Neuen Testament nicht. Heutige Theologen beschreiben prophetische Rede beispielsweise so:

> »Prophetie ist die Gabe, auszusprechen, was Gott in einer bestimmten Situation sagen will«[8] (Siegfried Großmann).
> »Prophetie im engeren Sinn ist letztlich nichts anderes als eine Steigerung oder besser Verdichtung des Hörens, nicht etwas grundsätzlich anderes. (...) Beim prophetischen Reden kommt allerdings noch ein weiteres Element hinzu: der Auftrag Gottes, das

Empfangene an bestimmte Leute weiterzugeben«[9] (Ursula und Manfred Schmidt).

> »Durch prophetische Offenbarungen macht Gott Wissen zugänglich, welches wir mit unseren natürlichen Sinnen nicht erfassen können«[10] (Jack Deere).

> Besonders schätze ich Sonja Sorbaras Definition: »Prophetisch zu leben, heißt, Freund und Freundin Gottes zu sein und seine Perspektive einzunehmen. Nicht die Perspektive der Umstände, der Menschen und des Sichtbaren. Das bewirkt, dass wir uns selbst, aber auch andere Menschen und Situationen im Licht von Gottes Kraft und Herrlichkeit sehen können.«[11]

Meine eigene Definition ist diese: Prophetische Rede ist Offenbartes von Gott zum Weitergeben. Menschen werden prophetisch begabt, um richtungsweisende Gedanken von Gott zu erhalten und weiterzugeben. Es geht also nicht um selbst produzierte Gedanken. Empfangen kann nur, wer mit offenen Händen vor Gott steht und bereit ist, auf ihn zu hören. Dabei unterscheiden wir zwei Arten des Hörens: aktives und passives.

Eine aktive Hörsituation kann die ganz private sein. Wir versuchen, erst mal äußerlich ruhig zu werden. Warum? Damit wir Gottes Stimme besser wahrnehmen können. Wir suchen also zu einer von uns bestimmten Zeit Stille. Eine weitere aktive Hörsituation ist das hörende Gebet (siehe unten) oder beispielsweise, wenn ein Leitungskreis in einer Sitzung die Diskussion unterbricht, um gemeinsam ins Gebet zu gehen und auf Gott zu hören. In allen aktiven Hörsituationen fragen wir gezielt nach. Wir bestimmen den Zeitpunkt, wann wir offen sind für Impulse und Offenbarungen. Nach meiner Erfahrung ist dabei die äußere Stille oft ein Schlüssel, um ganz Ohr für Gott zu sein.

Bei der passiven Hörsituation bestimmt Gott – ganz unabhängig von uns Menschen – den Zeitpunkt, wann er spricht. Das kann zu jeder Tages- oder Nachtzeit sein.

Das Empfangene, der Inhalt der Offenbarung, kann sich auf die vergangene, aktuelle oder zukünftige Lebenssituation beziehen.

Prophetische Rede – vom Anfang der Kirche bis in unsere Zeit

Einige biblische Beispiele sollen zeigen, wie prophetische Rede anfangs lebendig war:

> Petrus spricht in das Leben von Hananias und Saphira hinein und überführt sie in Apostelgeschichte 5,3-4 der Lüge und des Betrugs.
> Der Prophet Agabus sagt in Apostelgeschichte 11,27 ff. eine Hungersnot im Römischen Reich voraus.

> Agabus sagt mittels einer Zeichenhandlung in Apostelgeschichte 21,10 ff. etwas zur künftigen Verfolgungssituation des Paulus voraus.
> Paulus zeigt in 1. Korinther 14,24-25 auf, dass prophetische Rede innerhalb des Gottesdienstes Menschen von Schuld überzeugen und zum lebendigen Glauben einladen kann.

Was lehren uns diese biblischen Beispiele? Prophetische Rede möchte dazu verhelfen, persönliche, gemeindliche und sogar weltgeschichtliche Situationen einzuschätzen, Verfehlungen zu entdecken oder Prioritäten zu finden. Sie möchte Menschen motivieren und sie in Herausforderungen stärken. Wunderbare Geschenke! Diese Gabe kann also von großem Nutzen sein. Sie stärkt, ermutigt, tröstet und ermahnt. Das tut dem Einzelnen gut, aber es stärkt vor allem auch die ganze Gemeinde (siehe 1. Korinther 14,3 ff.). Mike Bickle formuliert: »Kraftvolle prophetische Offenbarungen geben uns Halt für zukünftige Schwierigkeiten.«[12]

Wie klingen diese Informationen für mich? Eher verlockend oder abschreckend oder noch ganz anders?

Ich bin davon überzeugt, dass prophetische Rede nicht nur zu Beginn der christlichen Kirche existiert hat, sondern dass es sie nach wie vor gibt. Erfahrungsberichte in diesem Buch werden das aufzeigen.

Wahrscheinlich haben viele von uns bereits Folgendes erlebt: Da kommt ein Mensch mit einem Anliegen zu uns und bittet um Gebet. Das kann beispielsweise eine belastende Diagnose sein. Während des gemeinsamen Gebets empfangen wir einen inneren Eindruck: »Frieden – sprich ihm Gottes Frieden zu!« Wenn wir das Flüstern des Geistes bemerkt haben, werden wir diesen Gedanken teilen. Aller Voraussicht nach geht der Kranke dann gestärkt und ermutigt weiter. Wunderbar! Was für eine schlichte und kraftvolle Möglichkeit, beide Seiten zu stärken: den Kranken für seinen Weg, den Beter durch seine Diensterfahrung. Gemeinsam werden wir durch den Geist Gottes beschenkt.

Dieses Beispiel illustriert sehr schön die Tiefenwirkung von prophetischer Rede. Wir könnten dem Kranken auch einfach auf menschlicher Ebene begegnen, indem wir sagen: »Das wird schon wieder! Nicht die Hoffnung aufgeben.« Oder wir versprechen ihm: »Ich werde für dich beten.« Beides kann nützlich sein! Es ist aber möglich, dass das Wort »Frieden« einen ganz entscheidenden Eindruck bei dem Kranken hinterlässt. Mit einem Mal ist er gestärkt, getröstet, aufgebaut und gesegnet. Dieses Wort hat in ihm etwas angerührt, etwas ausgelöst, ihn bewegt. Und dieser Frieden hält sogar an.[13]

Erkenne ich rückblickend, dass ich früher schon einmal einen prophetischen Eindruck empfangen habe, obwohl ich mich vielleicht noch wenig mit dieser Gabe beschäftigt hatte?

Vielleicht nimmt Ihnen Ihre Antwort erste Vorbehalte und verlockt dazu, sich tiefer auf diese Gabe einzulassen. Ich möchte deshalb noch einigen Fragen nachgehen:

Prophetische Rede – ein Füllhorn?

Was kann denn nun genau von Gott empfangen werden? Sind es bereits bekannte Bibelworte? Oder auch andere innere Eindrücke?

Einige Theologen (u.a. Schmidt, Rust, Bickle, Deere) nennen eine ganze Fülle an Möglichkeiten, wie Gott sich offenbaren kann und möchte: durch Gedanken, Bibelstellen, Bilder, Worte, körperliche Empfindungen, Gefühle, Träume, Visionen, Zeichenhandlungen ... Ehepaar Schmidt begründet aus ihrer vielfältigen Lehrpraxis heraus, dass Bilder neben Bibelversen eine der häufigsten Arten des Redens Gottes seien. Besonders Manfred Schmidt betont, dass durch Bilder tiefe Schichten in Menschen angesprochen werden können.[14]

Ulrich Wendel ist dagegen der Meinung, dass es sich bei prophetischer Rede immer um eine in Worten verfasste Botschaft handelt.[15] Er begründet dies stichhaltig mit diversen biblischen Beispielen. Meiner Meinung nach sprechen gute Gründe sowohl für die eine als auch für die andere Überzeugung. Ich selber kann mir vorstellen, dass Gott vielfältige Offenbarungskanäle nutzt, um unterschiedliche Menschen auf ihrem »persönlichen Ohr« zu erreichen.

Im April 2002 habe ich auf beeindruckende Weise Gottes prophetisches Reden wahrgenommen. Es war die Zeit meiner Lebenskrise. Eine Freundin hatte von Gott einen Traum bekommen, in dem es um mein Leben ging. Sie konnte nicht viel damit anfangen, hat ihn notiert und mir per Post geschickt. Er traf bei mir ein, als ich mit einer schweren Schmerzattacke im Bett lag. Der Traum war eine prophetische Vorausschau darauf, dass ich irgendwann körperlich unversehrt aus meiner Krise herauskommen würde. Das war damals nach bereits sechzehn Jahren Schmerzgeschichte für mich völlig unvorstellbar.

Ich habe diesen Traum trotzdem als Reden Gottes wahrgenommen, das mich einerseits enorm ermutigt hat, mir andererseits aber auch für meinen therapeutischen Weg sehr weit entfernte Ziele steckte. Ermutigung und Herausforderung pur. Ich habe mich in den vielen Jahren, die kommen sollten, ganz stark an diesem Traum festgehalten. Er hat mir unendlich viel Kraft geschenkt. Rückblickend meine ich, es war Gottes weiser Entschluss, mir diese Prophetie durch eine andere Christin zukommen zu lassen. Dadurch wurde ich vor Zweifeln bewahrt.

Prophetische Rede gleich hörendes Gebet?

Noch eine Frage ist interessant: Ist »hörendes Gebet« – mittlerweile in manchen christlichen Bereichen bekannt – dasselbe wie prophetische Rede?

Gemeint ist folgendes Setting: Jemand wünscht hörendes Gebet. (Meist) drei Menschen treffen sich rund dreißig Minuten mit ihm. Nach einer Begrüßung gibt es eine Phase des Betens und Hörens (7 Minuten), in der die drei Hörenden ihre Eindrücke notieren. Auch der Ratsuchende kann für sich hören. Anschließend werden die empfangenen Eindrücke laut vorgelesen, parallel läuft eine Handyaufnahme, damit der Ratsuchende zu Hause in Ruhe alles nachhören und für sich prüfen kann. Für das Mitteilen der Eindrücke gibt es hilfreiche Regeln.[16] Für das anschließende Prüfen zu Hause ebenfalls. Die gemeinsame Runde endet mit einem Gebet.

Hörendes Gebet läuft unspektakulär ab. Es ist hilfreich, wenn sich Mitarbeiter und Ratsuchende nicht kennen, zumindest vorher nicht ausgetauscht wurde, mit welcher besonderen Frage jemand hörendes Gebet wünscht. Hörendes Gebet kennt also ebenfalls die bewusste Öffnung für den Heiligen Geist und einige Regeln, die ordnen helfen. Es ist ein Teilbereich von prophetischer Rede.

Anfang des Jahres 2023 hatte ich mir einen Termin für hörendes Gebet organisiert, u. a. weil ich eine berufliche Entscheidung zu treffen hatte. Was habe ich dort empfangen? Bestätigung für die Art und Weise, wie ich mein persönliches Glaubensleben gestalte. Und richtungsweisende Gedanken für meine Jahresplanung. Das hat mir meine Entscheidung erleichtert. Manche Info war sehr persönlich, dabei kannten mich die Mitarbeiter überhaupt nicht. Ich bin gestärkt und mutig aus dieser Hörzeit herausgegangen. Im Lauf des Jahres habe ich dann immer mal wieder meine Notizen durchgelesen.

»Prüft alles« – Spielregeln für das geistliche Feld

Zurück zu den Thessalonichern: Konnten sie den Rat gebrauchen, die prophetische Rede nicht zu verachten, sondern sie zu prüfen und das Gute zu behalten?

Auf jeden Fall! Das junge Gemeindeleben sollte in gesunde Bahnen kommen. Paulus war es wichtig, dass die Christen weise mit den Geschenken des Heiligen Geistes umgehen lernten. Wahrscheinlich hatte diese Kirche von Anfang an mit sozialen Konflikten zu kämpfen, weil die Frischbekehrten nicht mehr an den heidnischen Kulten teilnahmen. Auch für diese Herausforderung war prophetische Rede nützlich: Sie verhalf zu mutigem Verhalten.

Waren die Thessalonicher damals in der Lage, zu prüfen? Bestimmt. Sie konnten prophetische Rede im Austausch miteinander prüfen, den Inhalt vergleichen mit dem, was sie schon an Glaubensbasics erworben hatten, und miteinander beten. Dadurch hatte der Geist Gottes die Chance, ihnen Ruhe bezüglich einer Entscheidung zu geben.

Und wir heute? Wie können wir prüfen? Fußballfans wissen es: Ohne Regeln geht auf dem Feld gar nichts! Da geht alles drunter und drüber. Deshalb gibt es Ansagen, wie ein Fußballspiel gelingen kann. Es gibt Schiedsrichter, die akribisch darüber wachen. Davon können wir uns in der Bundesliga oder beim Länderspiel überzeugen. Auch das geistliche Spielfeld braucht »Spielregeln«. Sie geben klare Orientierung, damit nicht alles drunter und drüber geht. Weder im Persönlichen noch im Gemeindeleben.

Wie können wir nun vorgehen, wenn Einzelne oder Gruppen innerhalb unserer Kirche Offenheit für prophetische Rede entwickeln und geistliche Eindrücke empfangen? Anhand welcher Kriterien sollen wir diese prüfen? Ich möchte sieben »Spielregeln« vorstellen:

1. Angemessene Gesinnung

Aus dem alltäglichen Miteinander kennen wir die Erfahrung, dass eine offene Haltung guttut. Wer kennt nicht die erwartungsvolle Vorfreude auf ein schönes Treffen? Das Rendezvous mit dem Partner oder die Einladung zu guten Freunden – mir schenken solche Begegnungen schon im Vorhinein jede Menge Vorfreude. Es wird gelacht, gefragt, nachgehakt, mitgefühlt, getrauert, geschwiegen, genossen. Wir gehen offen hinein und beschenkt hinaus. Diese Offenheit sucht Gott bei uns, wenn es um sein (prophetisches) Reden geht. Es gibt nur eine angemessene Einstellung den Wirkungen des Heiligen Geistes gegenüber – eine offene und demütige Haltung.

Wie aber bekomme ich diese Haltung? Indem ich mir bewusst mache, dass es ein riesiges Geschenk ist, wenn Gott spricht! Der große, ewige Gott macht sich immer wieder klein und verletzlich, indem er zu uns redet. Sei es durch die Bibel, sei es durch Eindrücke unterschiedlichster Art. Damals und heute. Wie erstaunlich ist das denn!!! Wer spricht, kann verstanden, aber auch missverstanden werden. Genau dadurch macht Gott sich verletzlich. Denn er muss mit unseren Fehlern rechnen – sei es beim Hören oder beim Umsetzen. Und trotzdem spricht Gott!

In den letzten zwanzig Jahren hat sich meine Haltung Gott gegenüber gravierend geändert. Ich bin einen langen Weg gegangen. Jesus lehrte mich, dass Glaube nicht nur rein verstandesorientiert gelebt werden soll. Er schulte mich darin, Kontrolle abzugeben. Ich lernte, Gottes Stimme besser zu hören. Das habe ich nötig gehabt. Die vormals oft verschlossene und manchmal sogar hochmütige Kerstin hat sehr davon profitiert. Sie ist nicht stehen geblieben bei Argwohn, Skepsis oder Distanz ihrer jüngeren Jahre. Sie konnte sich weiterentwickeln. Die aktive

Kerstin lernte passive Elemente im Glauben schätzen. Sie ist unterwegs.

Die Folge? Ich habe großen Respekt vor dem Reden Gottes. Mich macht das Hören auf Gott immer wieder demütig und dankbar. Viele biblische Personen hat das Reden Gottes auf die Knie gebracht und demütig gemacht. Es waren tiefe geistliche Erfahrungen, von denen sie später zehrten. Ich empfinde genauso. Meine Erfahrungen locken mich außerdem nach vorne – hin zu dem, was in meinem Leben noch kommen wird. Denn bei Gott geht immer noch etwas ...

Prüfen braucht als Basis also unsere offene und demütige Einstellung.

2. Gemeinsam Verantwortung annehmen

Stellen wir uns vor, eine Kirche hat einen prophetischen Eindruck bekommen. Wer soll ihn nun eigentlich prüfen?

Vielleicht geht es Ihnen ähnlich wie mir: Unser Jahresvers schockt in dieser Hinsicht! Da steht eben nicht: »Ihr Thessalonicher, euer neuer Leiter kann alles prüfen.« Oder: »Der Pastor prüft das alles für euch! Wenn es ihm zu schwer ist, dann lasst den Leitungskreis oder die zwei Superfrommen prüfen!« Nein, unser Vers impliziert, dass alle prüfen sollen!

Die gesamte junge Gemeinde in Thessaloniki?! Da kommen wir vielleicht noch mit. Es waren ja keine dreihundert Personen. Aber wenn bei uns alle prüfen sollen? Der Traum von der mündigen Gemeinde? Das wäre ja schön. Aber in der Realität sind wir davon wahrscheinlich noch relativ weit entfernt. Das wühlt auf und fordert heraus.

Es bieten sich jetzt zwei Möglichkeiten: entweder diesen Anspruch erfolgreich verdrängen oder aber die Spannung aushalten. Wie geht »Verdrängen«? Indem wir das Thema zur Seite schieben. Verstand und Erfahrung sprechen dagegen. Beispielsweise so: »Wenn alle das prüfen sollen, wird das nicht funktionieren. Wie soll das gehen in einer dreihundert Mitglieder starken Gemeinde? Außerdem wird das nur Unruhe bringen. Dazu ist die Gemeinde gar nicht in der Lage. Es besteht ja auch kein Interesse. Wir haben noch andere Themen, an die wir heranmüssen.«

Es gibt aber eine Alternative: Reifer Umgang mit biblischen Wahrheiten hält die Spannung zwischen Anspruch und Wirklichkeit aus.

Lassen wir uns davon berühren, was Paulus der Gemeinde zutraut, nämlich geistliche Mündigkeit! Das ist doch stark! Wenn Ihnen etwas zugetraut wird, dann stehen Sie aufrecht. Sie sind vielleicht besonders wachsam, eventuell auch ein wenig aufgeregt. Oft wachsen Sie sogar über sich hinaus. Genauso kann es hier sein: Wir wachsen, weil Gott uns das zutraut!

Wieso genießen wir dieses Zutrauen von Gott? Etwa weil wir so klug oder so tolle Christenmenschen sind? Oder gute Strukturen für unsere Gemeindearbeit entwickelt haben? Wohl eher nicht. Erinnern Sie sich noch an Kapitel 2? Es ging dort um das lichterlohe Feuer des Heiligen Geistes. Unsere Mündigkeit gründet sich auf den Heiligen Geist, der in jedem von uns lebt. Jesus selbst nennt ihn den Ratgeber: »Und ich werde den Vater bitten, und er wird euch einen anderen Ratgeber geben, der euch nie verlassen wird. Es ist der Heilige Geist, der in alle Wahrheit führt« (Johannes 14,16-17a). Ohne diesen Geist ist mündiges Prüfen undenkbar.

Natürlich hilft es, den eigenen Verstand einzusetzen und aus Erfahrungen zu lernen. Aber der Heilige Geist will beides – Verstand und Erfahrungen – durchdringen, »beherrschen«. Dann sind gute geistliche Entscheidungen möglich. In Kapitel 5 werden wir sehen, wie wir das in unserer gemeindlichen Landschaft umsetzen können. Es bleibt herausfordernd: Prüfen geht mich und jeden Einzelnen unserer Gemeinschaft an, weil Gottes Geist in uns allen lebt.

Jesus, ich staune darüber, was du mir, was du unserer Gemeinschaft zutraust. Es ist oft mehr, als ich uns selber zutraue. Lehre mich, meinen Anteil an dieser Herausforderung anzunehmen. Lass mich offen und demütig sein. Was für ein Geschenk, dass dein Geist mich und uns alle leiten will!

3. Echtheitstest durchführen

Wenn unsere Gesinnung stimmt und wir zum Prüfen
bereit sind, wird es konkret: Es geht darum, den Echtheitstest durchzuführen. Den kennen wir von unseren
alltäglichen Einkäufen. Ich nehme Sie mit in einen
ganz banalen Supermarkteinkauf. Ausnahmsweise be-
zahle ich mal nicht mit Karte, sondern reiche der Ver-
käuferin einen 50-Euro-Schein. Sie schaut, prüft und
hat ihn wohl für echt befunden. Jedenfalls klackt es in
der Kasse, ich bekomme ein wenig Wechselgeld, meinen Bon, dazu ein freundliches »Schönen Tag noch!«.

Prüfen ist ein Prozess, der aus dem Münzwesen
stammt. Durch Schmelzprozesse konnte man die
Echtheit einer Münze beweisen.[17] Genau darum geht
es auch beim Prüfen der prophetischen Rede: Ist sie
echt? Kommt sie von Gott, vom Vater des Lichts?
Macht sie Jesus Christus groß, oder wird ein Ersatz
angeboten – eine andere Person, eine andere Auto-
rität oder ein anderer Erlösungsweg?

Prüfen wagt den Echtheitstest: Macht die prophetische Rede Jesus groß?

4. Lupe einsetzen

Prüfen verlangt noch einen weiteren kritischen Blick:
Ist der Prophet ein Nachfolger Jesu? Ordnet er sich in
der Gemeinde ein und lebt er in verbindlichen Beziehungen? Wie steht es um seine Ausstrahlung? Lebt er
authentisch? Spüren wir ihm ab, dass er aufrichtig mit
Jesus unterwegs sein möchte und es auch ist?

Hier dürfen wir kritisch sein. Jesus selbst warnt in Matthäus 7,15-20 vor falschen Propheten: »Ihr erkennt sie an ihrem Verhalten, so wie ihr einen Baum an seinen Früchten erkennt. An Dornbüschen wachsen keine Trauben und an Disteln keine Feigen« (Vers 16). Das Erkennungsmerkmal sind also die »Früchte«, die sich im Leben eines Menschen zeigen. Ist der Prophet in der Gemeinde bekannt, dann ist das Prüfen relativ einfach, denn dann kennen wir seine Früchte. Besonders aufmerksam dürfen wir werden, wenn uns jemand noch unbekannt ist. Da heißt es wachsam sein! In Kapitel 4 werden wir das an einem Beispiel durchspielen.

Prüfen geschieht wertschätzend, aber auch kritisch dem Propheten gegenüber.

5. Konsequenzen erkennen

Prüfen soll uns ins Handeln bringen. Dazu ein praktisches Beispiel aus der Apostelgeschichte, das weiter oben schon genannt wurde: Der Prophet Agabus hat einen prophetischen Eindruck, nämlich dass eine Hungersnot ausbrechen wird (Apostelgeschichte 11,28). Was machen die Christen in Antiochia nun damit? Sie prüfen das und erkennen, dass sie die Jerusalemer Gemeinde durch Hilfeleistung unterstützen wollen (Vers 29).

Wow, so einfach geht das? Anscheinend ja. Es gab kein ängstliches Fragen: »Hilfe, was kommt da auf uns und die Geschwister zu?« Es gab kein lähmen-

des Denken: »Was sollen wir jetzt damit anfangen?«
Stattdessen hat der Eindruck zum Handeln motiviert. Die prophetische Rede leitete die Gemeinde
hin zu einer diakonischen Tat.

Wie man die Konsequenzen herausbekommt?
Wegfinderfragen helfen: Wem gilt die prophetische
Rede? Was ist zu tun? Wie kann man das umsetzen?
Wann sollte man es umsetzen?

Prüfen hilft, die Konsequenzen zu erkennen: ein
Ziel finden, eine Tat andenken, ein Vorhaben ändern.

6. Die Bibel im Gepäck haben

Aus dem Beispiel der eben erwähnten Hungersnot
lernen wir noch etwas: Ohne Bibel geht es gar nicht!
Sie ist die Orientierungshilfe. Mit ihr ist es mitunter gar nicht so schwer, etwas zu prüfen. Denn wir
können zurückfragen: Ist es biblisch, andere Geschwister durch Hilfeleistung zu unterstützen? Aber
ja. Ein durch und durch biblisches Prinzip, zu dem
wir mehrfach ermutigt werden.

Vielleicht haben wir es heute sogar etwas leichter
mit dem Prüfen, als die Thessalonicher es damals
hatten. Wir haben die Bibel komplett vorliegen,
können uns jederzeit an ihr orientieren. Stimmt der
Inhalt der prophetischen Rede mit der Bibel überein
oder gibt es Widersprüche?

Prüfen braucht die Bibel – gut abgespeichert in
Kopf und Herz oder als Nachschlagewerk auf dem
Tisch.

7. Fehler aushalten

Und nun noch eine siebte Spielregel: »Prüft alles!« impliziert, dass es Fehler und Missverständnisse geben kann. Das ist absolut menschlich. Allerdings unterscheiden wir uns an dieser Stelle gravierend vom Leben auf dem Fußballpatz. Dort quittiert die rote Karte, was nicht gut lief und wer disqualifiziert wird. Ende. Aus. Reservebank. Auch das kann es zwar im geistlichen Leben geben, siehe falscher Prophet. Aber allgemein ist beim Prüfen ein anderer Umgang mit Fehlern angesagt.

Zunächst zu den Fehlern: Es gibt ja rein akustische Hörfehler. Mein Bester hat nicht mehr seine volle Hörqualität. Da kommt es ohne Weiteres vor, dass Einzelheiten falsch abgespeichert werden: »Kommt unser Sohn Mittwoch oder Donnerstag zu Besuch?« Zum Glück fragt er meistens nach. Ich kenne aber auch Höreingeschränkte, die einfach das erzählen, was sie meinen gehört zu haben. Dadurch gibt es zum Teil schwerwiegende Irrtümer, die die Kommunikation richtig belasten können.

Selbstverständlich kann es auch geistliche Hörfehler geben:

> Vielleicht ist der Hörende zu nah dran an einer Person oder Situation und bringt deshalb Menschliches mit rein? Deshalb raten beispielsweise manche Theologen dazu, das hörende Gebet zwischen einander unbekannten Personen zu praktizieren.

> Vielleicht ist Druck mit im Spiel. Dieser »fromme Druck« ist eine der geistlichen Herausforderungen von Propheten. Er kann aus ihnen selbst oder von außen kommen! Erwartungsdruck: »Ich muss doch etwas gehört haben.« Nein, diese Begabung beinhaltet nicht, jederzeit prophetische Eindrücke empfangen zu können. Es ist ein großes Zeichen geistlicher Reife, wenn ein Mensch ehrlich gesteht: »Ich habe heute keinen inneren Eindruck, den ich teilen kann.« Wir erinnern uns: Die Gaben des Heiligen Geistes kann man nur auf der offenen Hand empfangen. Das schließt Druck aus.

> Vielleicht ist etwas mehrdeutig. Dazu ein biblisches Beispiel. In Apostelgeschichte 21,10 ff. wird ein prophetischer Eindruck geteilt, den Paulus anders deutet als die Christen aus Cäsarea. Und nun? Wir lesen, wie sie damals damit fertiggeworden sind: »Als uns [der Begleitgruppe des Paulus und den Christen aus Cäsarea] klar war, dass wir ihn [Paulus] nicht überreden konnten, gaben wir nach und sagten: ›Der Wille des Herrn geschehe‹« (Apostelgeschichte 21,14). Letztlich erlebt Paulus das, was im prophetischen Eindruck vorher angekündigt worden war, nämlich schwere Zeiten. Die Mitchristen wollten ihn »bewahren«. Das war menschlich gesehen verständlich, aber nicht dran.

> Vielleicht ist Sünde mit im Spiel – Sünde innerhalb einer Kirche oder im Leben einer Einzelperson – und deshalb kann ein Prophet gerade

nichts empfangen? Die Leitungen nach oben sind verstopft.

Es kann also Fehler geben: Vielleicht ist Menschliches, Druck, Mehrdeutiges oder Schuld im Spiel gewesen. Hörfehler oder Missverständnisse brauchen uns aber nicht zu entmutigen. Trotz unserer Fehler nimmt Gott ja nicht die Fülle seines Geistes zurück. Wir können also entspannt bleiben, denn Fehler sind im Umgang mit geistlichen Gaben der Normalfall, keine absolute Ausnahme oder Katastrophe. Das entkrampft.

Was ergibt sich daraus? Üben, üben, üben ist dran – unter der Leitung des Geistes. Aufgeben, den Kopf in den Sand stecken, Selbstzweifel pflegen, Interesse an prophetischer Rede verlieren? All das ist nicht dran. Paulus traut den Thessalonichern das Prüfen zu. Jesus Christus traut es uns zu. Sie rechnen mit unseren Fehlern. Sie rechnen auch damit, dass wir uns trotzdem weiter nach dieser Gabe ausstrecken. Was kann uns dann noch hindern?

Eine Einschränkung möchte ich machen: Wenn ein sich selbst überschätzender Prophet etwas vehement durchsetzen möchte und daraufhin Katastrophen im persönlichen oder gemeindlichen Leben passieren (wie falsche Lehren in Gemeinden, Fehlentscheidungen o. Ä.), ist das schwerwiegend. So weit soll es aber gar nicht erst kommen, wenn wir unsere Jahreslosung beachten! Wer einsichtig, demütig und korrigierbar ist, für den sollte das sich Verhören und anschließende Verbessern alltäglich sein. Ein Praxistipp: Wer einen geistlichen Eindruck weitergibt, kann hinzufügen: »Ich kann mich verhört haben, aber dies möchte ich dir weitergeben. Prüfe gern, ob das ein Echo in dir auslöst oder ob es nicht passt.«

Prüfen rechnet entspannt mit Fehlern und macht zuversichtlich weiter.

Was denke ich über (Hör-)Fehler im persönlichen Leben bzw. im Gemeindealltag?

Wie kann ich mich, wie können wir uns als Kirche für eine barmherzige Fehlerkultur öffnen?

Paulus lädt also dazu ein, prophetische Rede zu prüfen, weil das aus seiner Sicht kein riesiges Kunststück oder eine unlösbare Aufgabe ist. Wir erinnern uns: Prophetische Rede ist dazu gedacht, aufzubauen, zu trösten, zu ermahnen, zu ermutigen. Sie soll guttun, nicht überfordern. Auch das Prüfen wird uns nicht überfordern.

Das Gute behalten

Wir haben nun also sieben Spielregeln oder Prüfkriterien für prophetische Rede gefunden. Sicher könnte man noch weitere nennen. Nach dem Prüfen ist es dran, das Gute zu behalten. Was kann das konkret bedeuten?

Denken wir an Maria, die Mutter von Jesus. Nach der weltbewegenden Geburt ihres Sohnes inklusive himmlischer Offenbarungen durch Engel behielt sie in ihrem Herzen, was wichtig war. Sie dachte darüber nach!

Nachdem wir prophetische Rede geprüft haben, sollen wir schlussendlich das Gleiche tun. Das Gute behalten heißt: nachdenken und das Empfangene zeitnah umsetzen oder es für später konservieren. Ich möchte vier Gedanken teilen, wie das praktisch aussehen könnte:

1. Das innere Echo beachten

Als ich Anfang des Jahres 2023 hörendes Gebet für mich genutzt habe, gab es drei Eindrücke, die wesentlich für mein Jahr geworden sind. Sie hatten ein inneres Echo ausgelöst. Das Gute behalten bedeutete für mich: mit diesen Impulsen ins Handeln kommen, sie in meinen Alltag integrieren.

Mit einem vierten Impuls aber konnte ich von Anfang an nichts anfangen. Das blieb auch so. Sogar Beten und Abwarten haben nichts daran geändert. Dieser Impuls hat kein inneres Echo ausgelöst. Also was tun mit ihm? Ich durfte ihn nach einer Zeit des Nachdenkens und Betens einfach loslassen, ihn zurückgeben in Gottes Hände. Nicht lange darüber nachgrübeln oder mir das Gehirn zermartern. Stattdessen innerlich frei meinen Weg weitergehen.

Das Gute zu behalten, bedeutet, auszuwählen: Wir behalten das, was uns anspricht, uns berührt, ein Echo in uns auslöst.

2. Die angemessenen Taten tun

Als Agabus seine Hinweise gegeben hatte, ist es den Christen in Apostelgeschichte 11 vielleicht wie folgt gegangen: »Unsere Geschwister brauchen uns. Da lassen wir uns etwas einfallen! Das war wirklich ein wichtiger Gedankenanstoß!« Hätten die Christen nur Mitleid geschoben mit den Geschwistern, die irgendwann von Hungersnot bedroht sein würden, dann hätte Agabus' prophetischer Eindruck nichts gebracht! Für sie ging es darum, ins Handeln zu kommen, indem sie Geldspenden sammelten und weitergaben.

Und bei uns heute? Stellen wir uns eine wachsende Gemeinde vor. Weil sie wächst, sind weitere Mitarbeiter nötig. Die Mitglieder haben einen prophetischen Eindruck bekommen: »Macht euch auf die Suche nach einer weiteren Vollzeitkraft. Gott wird das segnen.« Obwohl die Leitung bereits viele Aufgaben zu bedenken hat und eine weitere Stelle bisher im Jahreshaushalt nicht eingeplant war, entscheiden sie sich dafür, den Eindruck ernst zu nehmen. Sie machen sich aktiv auf die Suche.

Das Gute zu behalten, bedeutet, konsequent zu sein! Es geht nicht nur ums Erkennen, sondern auch ums Tun!

3. Verantwortungsbewusst entscheiden

Eine brenzlige Situation: In einem Gottesdienst wird ein geistlicher Eindruck weitergegeben. Er besagt, dass Gott jemand von den Anwesenden in die Mission ins Ausland berufen möchte. Zwei Menschen fühlen sich zunächst stark angesprochen. Der eine, weil es für ihn eine weitere Bestätigung des Redens Gottes in der letzten Zeit ist. Außerdem stimmen die äußeren Bedingungen: Er ist gesund, gut ausgebildet und schon lange bereit. Fazit: Dieser Eindruck entpuppt sich als ein weiterer Fingerzeig von Gott auf seinem beruflichen Weg.

Ein anderer fühlt sich zunächst ebenfalls gemeint. Es gibt aber genügend Gründe, die dagegensprechen: Seine Gesundheit ist nicht sehr robust. Es würde ihn mental überfordern, eine neue Sprache zu erlernen. Auch seine Begleiter können das gar nicht für ihn sehen. Zum Glück erkennt er in den folgenden Wochen, dass das nicht sein Weg sein wird.

Fazit: Dieser Eindruck hat zwar ein kurzfristiges Echo in einer Person ausgelöst, passte aber nicht. Er galt ihr nicht. Diese Person hat verantwortungsvoll entschieden, in ihrem bisherigen Berufsumfeld in Deutschland zu bleiben. Die Entscheidung liegt immer beim Einzelnen! Jesus traut uns geistliche Mündigkeit zu. In diese sollen wir hineinwachsen und in ihr leben.

Wir dürfen prophetische Rede also nicht als »christliche Wahrsagerei« verstehen. Es handelt sich dabei nicht um unumstößliche Vorhersagen. Nein, wir bleiben immer die Entscheider! »Puh, zum Glück ist das so!«, werden die einen denken, denen ein selbstbestimmtes (geistliches) Leben sehr wichtig ist. »Wie schade«, denken vielleicht andere, denen es lieber wäre, wenn Gottes Gedanken in Form einer ganz klaren Ansage bei ihnen landen würden: Wen soll ich heiraten, welche Berufsrichtung einschlagen, an welchem Ort leben, wie groß bauen? Welche Vision soll unsere Kirche entwickeln? Gott kann in diesen Fragen auch mal sehr deutlich werden, aber es wird nicht die Regel sein.

Wir ersehnen Antworten, dennoch gilt: Prophetie ist kein Einschreiben vom Himmel mit unumstößlichen Hinweisen. Sie ist keine Handlungsanweisung, die wir ungeprüft hinnehmen sollen. Wir als Einzelne oder als Gemeinde bleiben verantwortlich. Die oben entwickelten Spielregeln zeigen es auf: Durchblick entwickelt sich oft erst auf dem Weg.

Wie kann man als ganze Gemeinschaft aktiv und verantwortungsbewusst mit prophetischer Rede umgehen? Manche Kirchen führen Gemeindestunden oder Foren ein. Dort können prophetische Eindrücke und Ratschläge von Fachleuten geteilt werden. Jeder darf mitreden, zuhören, diskutieren und beten. Zum Schluss wird von der Gesamtgemeinde eine Entscheidung gefällt.

Das Gute zu behalten, bedeutet, verantwortungsbewusst zu leben.

4. Parken im geistlichen Regal

Zuletzt noch ein vierter Gedankenanstoß, wie wir das Gute behalten können: Ich stehe gern mal vor den Bücherregalen in meinem Arbeitszimmer! Manchmal stelle ich ein Buch ein, von dem ich weiß, dass ich es nächstes Jahr für einen Vortrag oder einen Artikel brauchen werde. Jetzt ist es nicht wichtig, aber dann! Genauso können wir es mit prophetischen Eindrücken machen, die noch nicht dran sind.

Oben war bereits von den W-Fragen die Rede. Beispielsweise die Frage nach dem Zeitpunkt: Wann? Wann ist etwas umzusetzen, wann wird etwas wichtig? Es kann sein, dass ein prophetischer Eindruck noch lange nicht dran ist. Das Gute zu behalten, bedeutet in diesem Fall, Geduld zu bewahren! Aushalten! Vertrauen! Dazu werden wir beispielsweise in Hebräer 6,12 ff. durch das Leben Abrahams ermutigt.

Vor Jahren habe ich einen prophetischen Eindruck zu einem mir nahestehenden Menschen bekommen. Allerdings ohne Zeitangabe. Bereits damals war klar, dass die Erfüllung eine Weile dauern würde. Dieser Eindruck steht also in meinem geistlichen Regal. Ich übe mich darin, geduldig zu warten. Da wird noch etwas kommen!

Das Gute zu behalten, bedeutet, über die Gegenwart hinauszuschauen und Gottes Zeitplan zu vertrauen.

Am Schluss dieses Kapitels halten wir fest: Der Heilige Geist will uns – auch mit prophetischer Rede –

so überreich beschenken! Sehnen wir uns nach diesem Geschenk. Nehmen wir es dankbar an, falls es in unser Leben kommt. Gehen wir auf Entdeckertour. Packen wir dieses Geschenk erwartungsvoll, mutig und verantwortungsbewusst aus! Das gilt für Hörende und Zuhörende.

Christ werden ist ja ein Wunder – Christ bleiben ebenso. Gerade deshalb brauchen wir Kraftwirkungen des Geistes, die uns vom Himmel her erreichen. Unser Leben mit Jesus muss nicht im Alltäglichen versickern, fade und orientierungslos sein. Im Gegenteil! Unser Weg darf spannend, ermutigt, stark und leidenschaftlich weitergehen. Offenheit dem Geist Gottes gegenüber ist dabei unser Schlüssel.

Auf geht's: Das geistliche Spielfeld ist längst eröffnet.

4. Schritte in den Lichtkegel Gottes: Orientierung finden in der komplexen Welt

Im Lichtkegel der Liebe Gottes

Manche Hausbesitzer haben einen Bewegungsmelder installiert. Der springt an, sobald eine Bewegung vor der Haustür oder auf der Terrasse wahrgenommen wird. Mit einem Mal erstrahlt alles in hellem Licht. Hausbewohner finden ihre Schlüssel in der Tasche, klingelnde Nachbarschaftskinder werden entlarvt und Diebe hoffentlich abgeschreckt. Licht verhilft dazu, wirklich Wichtiges zu erkennen.

Wenn wir etwas prüfen wollen, brauchen wir den Lichtkegel der Liebe Gottes. Diese Liebe hilft uns, etwas mit gnädigen Augen anzusehen. Was könnte das sein? Wir sollen laut Jahresvers nicht nur prophetische Rede prüfen,[18] sondern noch viel mehr: auch das ganze persönliche Leben! Dieser zweite wichtige Aspekt steckt ebenfalls in unserer Jahreslosung: »Prüft aber alles, das Gute haltet fest!« (1. Thessalonicher 5,21; ELB). So meint der Theologe Fritz Röcker: »Alles (griechisch: *panta*) greift hier aber über die bloße

Prüfung prophetischer Rede hinaus. Gemeint ist alles, was die Lebensführung, die Glaubenslehre und das Miteinander in der Gemeinde betrifft.«[19] Es wird jetzt also bodenständig, alltagsnah und sehr praktisch.

Ich bin richtig stolz auf die Bibel. Heutzutage werden wir an allen Ecken und Enden dazu motiviert, unser Leben zu »optimieren«. Bücher, Zeitschriften und digitale Medien strotzen davon, uns in die Pflicht zu nehmen: Stimmt deine Work-Life-Balance? Hast du dich finanziell clever für dein Alter abgesichert? Wie steht es um deinen nächsten Gesundheitscheck? Hast du einen Personal Trainer von der Krankenkasse, um deine Leistungssteigerung gut zu überwachen? Kennst du Achtsamkeitsübungen? Was isst du eigentlich?

Unser Leben soll rundlaufen, unsere Gesundheit in Bestform sein und jeglicher Schaden verhindert werden. Dafür unterstützen uns Apps auf dem Handy, Ärzte in Praxen, Berater in Geschäften und Schrittzähler am Arm. Puh!

Die Bibel hat uns schon Jahrhunderte vorher dazu aufgefordert, das eigene Leben unter die Lupe zu nehmen. Allerdings mit gravierenden Unterschieden: Wir pflegen weder Individualismus noch suchen wir Selbstoptimierung. Wir streben nach Heiligung! Gott liegt das sehr am Herzen: »Denn dies ist Gottes Wille: eure Heiligung ...« (1. Thessalonicher 4,3a; ELB).

Heiligung ist ein Verwandlungsprozess. Es bedeutet, Jesus immer ähnlicher zu werden. In Gedanken, Gefühlen und im Verhalten immer mehr das Wesen von Jesus zum Ausdruck zu bringen. Wir können uns fragen: Wie lebe ich momentan? Wie möchte Jesus, dass ich lebe? Kommt beides immer mehr in Einklang? Wer so fragt, führt sich selbst.

Thomas Härry beschreibt den Begriff Selbstführung wie folgt: »Es geht um die verantwortungsvolle Gestaltung unserer Leben, sodass Gott dabei geehrt wird.«[20] Diese Art von Selbstführung kann also nur guttun! Sie wird uns zur Ehre Gottes voranbringen. Wer wollte das nicht? Meiner Meinung nach ist sie ein wichtiger Teil unseres Heiligungsprozesses.

Doch bevor wir diesen Schritt wagen, sollten wir uns mit unserem Motto beschäftigen. Was ist unser Leitwort? Selbstoptimierung hat als Motto: Anstrengung aus eigener Kraft. Christliche Selbstführung hat als Motto: Gnade. Ich finde ein gutes inneres Motto total wichtig. Es wird darüber entscheiden, wie wir in Sachen Selbstführung starten, ob wir durchhalten und wie wir enden. Deshalb jetzt ein Tiefenblick.

Gnade

Der Bibel ist es ernst, wenn sie uns zum Prüfen unseres Lebens einlädt. Aber sie setzt immer das entlastende Vorzeichen: Gnade! Wie gut tut das denn!

Sich ständig zu Höchstleistungen anspornen zu müssen, sich optimieren und das Beste aus dem Leben rausholen zu müssen? Wie hart, ungnädig und uferlos! Nein, wir Christen dürfen beim Prüfen tiefenentspannen! Wir prüfen und optimieren teilweise Ähnliches wie unsere Zeitgenossen, aber wir tun es unter einer entlastenden Überschrift: Gnade. Kurzes Motto, langfristige Wirkung.

Gnade ist befreiend. Gnade macht heiter. Gnade schenkt der Seele Ruhe. Gnade ist das Lebensmotto von Christen. Wir brauchen uns eben nicht allein abzustrampeln, um irgendwie besser zu werden. Unsere Innenschau ist Teamwork. Sie geschieht Auge in Auge mit Jesus. Unterstützt durch den Geist Gottes.

Wir lesen in der Bibel, wie dieses Teamwork Menschen über sich hinauswachsen ließ. Nachfolger sind gefallen, haben anschließend sich selbst und ihr Leben geprüft und die Richtung geändert. Sie sind nicht liegen geblieben, sondern aufgestanden. Der Jesusblick half ihnen auf die Beine. Petrus musste beispielsweise sein Leben prüfen, nachdem er in einer kritischen Situation nicht zu seinem Herrn gestanden hatte.

Was kommt nach dem Fall? Im Gespräch mit Jesus bekommt Petrus Würde verliehen und eine Berufung geschenkt. Es gibt die zweite Chance. Nach und nach wird Petrus zu einer reifen Führungspersönlichkeit. Das ist Gnade.

Fehler sind in unserem Leben unvermeidbar, denn wir sind Menschen, keine Götter. Jeder, der sich in Sachen Selbstführung auf den Weg macht, wird mit Fehlern konfrontiert werden. Wir sehen sie ja gern mal im Leben anderer. Aber Ehrliche kennen sie vor allem aus dem eigenen Leben. Nur dort können wir nachbessern und etwas ändern.

Wir haben also nicht nur eine Aufgabe – die Selbstführung –, wir haben auch das passende Motto! Nur so wachsen wir gesund. Wir werden in die Richtung geformt, wie Gott sich uns ursprünglich gedacht hat. Selbstführung geschieht im Teamwork mit dem Heiligen Geist unter dem Motto der Gnade.

> Was bedeutet »Gnade« für mich? Konnte ich in der letzten Zeit mir selbst oder einem anderen gegenüber gnädig sein, statt auf Kritik, Recht oder Fehlverhalten zu beharren?

Veränderung ist möglich!

Ich möchte in diesem Kapitel weitere Bibelimpulse teilen, die in eine ähnliche Richtung wie der Jahresvers gehen. Paulus und andere biblische Autoren fordern uns nämlich dazu auf, genau auf unser persönliches Leben zu achten. Warum? Weil Veränderung kein Wunschtraum sein muss.

Eine meiner Lieblingsstellen ist Römer 12,2. Ich empfinde diesen Vers wie eine Gebrauchsanweisung für unsere Jahreslosung. Er erklärt, wie es geht:

»Deshalb orientiert euch nicht am Verhalten und an den Gewohnheiten dieser Welt, sondern lasst euch von Gott durch Veränderung eurer Denkweise in neue Menschen verwandeln. Dann werdet ihr wissen, was Gott von euch will: Es ist das, was gut ist und ihn freut und seinem Willen vollkommen entspricht.« Die Elberfelder Bibel übersetzt: »... dass ihr prüft, was der Wille Gottes ist.«

Wir sollen also Verhaltensweisen und Gewohnheiten prüfen. Und zwar unter drei Blickrichtungen: auf uns selbst, auf diese Welt und auf Gott. Wir stecken ja mittendrin in dieser Welt mit ihren Orientierungsmarken und Gewohnheiten. Das fordert heraus. Denn die Jesuswelt hat ganz andere Maßstäbe. Ein paar Kostproben dieser Gegensätze:

> vergeben statt nachtragen,
> großzügig sein statt horten,
> lieben statt hassen,
> teilen statt sammeln,
> Jesus groß machen statt sich selbst anhimmeln,
> andere in den Blick nehmen statt selbstbezogen leben.

Ich bin mir sicher, dass Sie diese Herausforderung kennen. Vielleicht wie folgt: Haben Sie schon einmal Ärger geschoben auf einen lieben Mitmenschen in Ihrer Familie, am Arbeitsplatz, in der Kirche oder in Ihrer Nachbarschaft? Oder sogar jemand gehasst?

Sind Sie dabei komplett an die eigene Schmerzgrenze gekommen? Ich kenne so etwas. Das Ziel ist ja klar: Es geht ums Verzeihen. Ärger und Groll sollen irgendwann losgelassen werden. Mehrere Male bin ich daran gescheitert: »Ich kann das nicht!«

Doch irgendwann habe ich mich an mein Motto erinnert: Gnade. Ich brauche es nicht alleine zu stemmen. Jesus macht es. Der Heilige Geist verwandelt mich. Ich trete zurück und lasse ihn machen. Plötzlich entsteht Freiraum für Wunder! Veränderte Gefühle! Erneuerte Einstellung! Und dann jesusgemäßes Handeln. Echte Begegnung wird möglich!

Das geht nicht auf Knopfdruck, manchmal braucht es ganz viel Zeit. Aber es geschieht. So geht Leben in der Heiligung.

Wagen Sie den Schritt nach vorn, betrachten Sie Ihr Leben und stellen Sie sich dabei in den Lichtkegel der Liebe Gottes!

Orientierungspunkte für die Selbstprüfung

Wie prüft man sich selbst und wann findet man Zeit dafür? Worauf soll man dabei achten?

Ich meine, dass uns einige Orientierungspunkte guttun werden. Sie können ein Leitfaden für die Selbstprüfung sein, mehr Klarheit und Fokus ins Leben bringen. »Lasst euch [...] verwandeln.« Dieses Verwandeltwerden, von dem Paulus hier schreibt,

braucht den Heiligen Geist als Impulsgeber und An-
leiter, aber auch unser Engagement als Handelnde.
Richtig, es geht auch um unser eigenes Engagement.
Das Motto »Gnade« entlässt uns nicht aus der Verantwortung. Wir brauchen:

> Offenheit und Demut
> Mündigkeit
> Jesusfokus
> Umsetzungsfähigkeit
> Bibelabgleich
> Gebet
> Schwarmintelligenz (Erfahrungen und Erkennt-
  nisse anderer Menschen)

Kommt Ihnen da etwas bekannt vor? Richtig, manches kennen wir bereits vom Prüfen der prophetischen Rede. Im Folgenden wollen wir uns anschauen,
was diese Orientierungspunkte für unser tägliches
Leben bedeuten können:

Offenheit und Demut

Wer sich selbst prüfen möchte, braucht eine Grund-
voraussetzung, nämlich Korrekturfähigkeit. Wir finden unsere Macken, Unzulänglichkeiten und Zielverfehlungen nur heraus, wenn wir korrekturbereit
sein wollen. Aua, das schmerzt! Konkret heißt das:
dem Heiligen Geist Raum geben.

Viele von uns wissen noch, wie sie als Starter im Glauben Zielverfehlungen deutlich sehen konnten: Beziehungsprobleme, Grübelei, Zukunftsängste, Neid oder Unwahrhaftigkeit. Die Herausforderung besteht darin, auch nach Jahren des Christseins dafür offen zu sein. Gar nicht immer so einfach, stimmt's? Wir sind doch taffe, tolle Christenmenschen. Wir wissen doch, wie wir zu leben haben. Wir sind doch gerecht gesprochen. All das stimmt. Aber wir brauchen von der Wiege bis zur Bahre Gottes heilsames Handeln an uns.

Veränderung ist ein biblisches Prinzip. Statt zu stagnieren, uns festzufahren oder unterentwickelt zu bleiben, darf es in unserem Leben vorangehen. Hier eine Gretchenfrage:

Wie sehe ich mich im Licht Gottes? Kann ich Schwächen oder Unzulänglichkeiten erkennen? Oder fühle ich mich meistens unfehlbar? Gibt es »Buß- und Betzeiten«?

Leider haben viele (evangelische) Christen keine Traditionen für »Buß- und Betzeiten« entwickelt. Vielleicht können wir uns welche schaffen? Ich stelle Ihnen hier mein persönliches Ritual vor: In meiner Zweierschaft mit einer anderen Christin bedenken wir im vertrauten Rahmen die Fehler der letzten Zeit. Manchmal ist die Liste leer, weil uns nichts bewusst geworden ist. Dann können wir um Vergebung für Unbewusstes beten. An anderen Tagen aber steht dort Konkretes. Wir bitten um Vergebung und bekommen sie zugesprochen.

Wie wir unsere Fehler finden? Durch die leise, aber klare Stimme des Heiligen Geistes. Er möchte uns aktiv anleiten. Jesus erklärt es: »Doch wenn der Geist der Wahrheit kommt, wird er euch in alle Wahrheit leiten« (Johannes 16,13a).

> Die Frage »Wo habe ich Fehler gemacht/gesündigt?« nehme ich mit in die persönliche Zeit mit Gott, alternativ in eine Zweierschaft oder Seelsorge. Ich bekenne und lasse mir gegebenenfalls Vergebung zusprechen.

Korrekturfähigkeit befreit also von Altlasten. Der Stein purzelt vom Herzen. Nach dem Schmerz folgt die Erleichterung! Korrekturfähigkeit hält also unser Leben vital, spannend und positiv. Prüfen heißt: offen und demütig für die zarten Hinweise des Heiligen Geistes sein.

Mündigkeit

Wenn wir unser Leben prüfen, übernehmen wir Verantwortung. Meine Sportsfreundin im Fitnessstudio erzählte: »Ich fasse an Silvester keine neuen Vorsätze. Nein, wenn ich mitten im Jahr merke, ich sollte mich ändern, dann mache ich es.« Wow! Das ist allerhand. Die Frau übernimmt Verantwortung für ihr Leben. Das hat mich richtig begeistert.

Wir erinnern uns: Mündig sollen wir sein! Nicht nur als Kirche, wenn es ums Prüfen von prophetischer Rede geht, sondern auch jeder Einzelne für sich. Wir entscheiden selbst, ob wir einem Menschen verzeihen, wie viel Geld wir spenden oder wie wir unsere Zeit einteilen.

Im Folgenden einige Alltagstools, wie wir mündig im Alltag leben können. Von Zweierschaft war eben schon die Rede. Außerdem geschieht »das Leben prüfen« beispielsweise bei der täglichen Bibellese. Mir hilft dazu die Lectio divina[21], eine Anleitung zum Bibellesen, mit der man aufmerksam für eigene Gedanken und vor allem Emotionen wird. Damit spüre ich beispielsweise meinen Groll auf.

 Ich probiere bei Interesse die Lectio divina aus.

Darüber hinaus können wir Gottmomente erleben, in denen Gott uns unerwartet auf etwas aufmerksam macht.

In unserer Kirche gibt es nach dem Gottesdienst ein Segnungsangebot. Neulich bat dort eine Frau um Gebet. Sie wurde während des Gottesdienstes an ein Fehlverhalten von vor dreißig Jahren erinnert. Mit einem Mal erkannte sie uralte Schuld. Und sie hat diese nicht mit nach Hause genommen, sondern wollte sie direkt an Ort und Stelle loswerden. Wir haben das in einem schlichten Gebet ans Kreuz gebracht, und ich konnte ihr Vergebung im Namen von Jesus zusprechen. Diese Frau hat Verantwortung für ihr Leben übernommen!

Außerdem können wir von uns aus aktiv werden. Seine Geldausgaben kann man gut am Anfang des Jahres oder am Erntedanktag prüfen: Wie viel möchte ich anderen zur Verfügung stellen (Kirche, Menschen mit einer besonderen Berufung, Institution, Projekt, Notlage in der Welt)?

Die Zeiteinteilung und die Prioritäten fürs eigene Leben kann man am Jahresschluss, Jahresbeginn oder Monatsanfang prüfen. Unter Anleitung ist das auf Freizeiten in christlichen Gästehäusern möglich. Wer das lieber allein für sich machen möchte, kann zu Hause einen Vision Day[22] einplanen, also einen Tag, an dem man mit Gott eine Vision fürs eigene Leben entwirft. Dort kann man der Frage nachgehen:

Was sind meine Ziele in den Lebensbereichen Gottesbeziehung, Beziehungen, Beruf, Ehrenamt, Finanzen, Gesundheit, Wohnung/Haus/Garten, Hobbys?

Wer sich dafür Zeit nimmt, wird nicht gelebt, sondern lebt! Zwei Beispiele aus meinem Umfeld verdeutlichen, wie das gehen kann:

Meine Freunde Anke und Mike planen jede Woche einen Eheabend ein. Den verteidigen sie gegen alles Mögliche. Warum tun sie das? Weil sie für sich erkannt haben: Wir wollen uns als Paar diesen Stellenwert geben! Wenn wir hier die Prio auf Ehe setzen, haben wir einen deutlich entspannteren Alltag, ein besseres Miteinander und auch nach vielen Ehejahren jede Menge Spaß miteinander.

Ein Verwandter von mir hat für sich erkannt, dass er sich in seiner Rentenzeit politisch engagieren möchte. Er will sich nicht länger darauf beschränken, regelmäßig zur Wahl zu gehen. Nein, er mischt sich in die Ortspolitik ein. Dort will er öffentlich für Jesuswerte eintreten.

Prüfen heißt: Verantwortung übernehmen und sich Ziele setzen.

Jesusfokus

Römer 12,2 regt ja dazu an, die Maßstäbe, Gewohnheiten und Verhaltensweisen dieser Welt zu prüfen. Also brauchen wir eine Messlatte! Das ist der Jesusfokus. Unsere Kernfrage sollte lauten: Macht das Jesus groß?

Tobias Faix hat mit seinem Buchtitel vor Jahren treffend gefragt: »Würde Jesus bei Ikea einkaufen?«[23]! Würde Jesus …? Auf diese Art und Weise können wir viele Entscheidungen des Tages mit dieser Messlatte abgleichen: Würde Jesus mich ermutigen …

> ... Menschen in meiner Kirche, die ganz anders ticken als ich, anzunehmen?
> ... die Spülmaschine am Arbeitsplatz unaufgefordert für das ganze Team einzuräumen?
> ... den fair gehandelten Kaffee zu kaufen statt des Angebots beim Discounter?
> ... dem Partner zum 31. Mal zu verzeihen, dass er seine Sachen nicht aus dem Weg geräumt hat?

Ja, all das macht Jesus groß, es entspricht seinen Werten.

Jesus, lass mich die Frage »Macht es dich groß?« mit in meinen Tag nehmen! Erinnere mich an dich!

Prüfen heißt: den Jesusfokus suchen.

Umsetzung

Beim Prüfen der prophetischen Rede ging es bereits darum, Konsequenzen zu erkennen: Was ist wann von wem zu tun? Bei der Selbstprüfung wird es noch persönlicher: Was ist wann von mir zu tun?

Aua! Jetzt geht es ans Eingemachte. Es kann eventuell richtig wehtun. Ich weiß, wovon ich schreibe. Auch ich muss ja immer wieder mein Leben prüfen. Wer mich ein bisschen besser kennt, weiß, dass mich mein »Häwelfrauen-Gen«[24] herausfordert. Damit meine ich meine Tendenz, manchmal zu viel zu wollen oder anderen zu viel zu versprechen.

Im Jahr 2023 bin ich wieder einmal von Gott darauf gestoßen worden, innezuhalten, zu prüfen und mein Leben zu bedenken. Anschließend musste ich Konsequenzen ziehen: Welchen Rundbrief schaffe ich nicht mehr zu lesen? Welche Reparatur geben wir ab? Welche private Reise steht jetzt nicht an? Welche Anfrage meiner Kirche kann ich im Augenblick nicht positiv beantworten? Nur dadurch gelingt es mir, mir die Freiräume zu verschaffen, die ich gesundheitlich und beruflich brauche.

Zugegeben, ich habe da einen Vorteil. Aufgrund meiner früheren chronischen Schmerzerkrankung bin ich es gewohnt, mein Leben radikal zu verändern. Ich weiß, dass es unendlich viel bringt. Ich ticke also ähnlich wie meine Sportsfreundin: Etwas verändern? Wenn es sein muss, am besten gleich heute! Aber ich weiß auch: Es schmerzt. Konsequent zu sein, tut am Anfang weh.

Denn es bedeutet, dass man Zielverfehlungen erkannt hat. Das tut im eigenen Herzen weh. Und häufig wissen wir, dass es auch Gottes Herzen wehgetan hat. Außerdem schmerzt es generell, manche Dinge, Verhaltensweisen, Ziele, Gewohnheiten oder Routinen loszulassen. Das muss erst mal durchgestanden werden. Folgende drei Unterstützungen können wir uns dabei gönnen:

> Brechen wir es herunter auf kleine Schritte. Die sind überschaubar, machbar, motivierend. In meinem Fall hieß das, mich zunächst für zwei Rundbriefe abzumelden und reisefreie Zeiten einzuplanen.

Und in Ihrem Leben? Was sind die kleinen Schritte? Vielleicht, sich ab jetzt täglich zehn Minuten Zeit zu nehmen, um für Politiker und die Weltlage zu beten? Die Kaffeerunde im Betrieb zu verlassen, wenn das Lästern losgeht, und vorher klar zu sagen, warum man geht? Den Alkoholkonsum um zwei Flaschen Bier in der Woche zu reduzieren?

 Was ist mein nächster kleiner Schritt?

> Lassen wir uns von anderen unterstützen! Vielleicht durch die Gebetspartnerin, den Coach oder die Familiengruppe. Dort ist der vertraute Raum, um sich Verbündete an die Seite zu holen. Christen sind doch keine Einzelkämpfer. Wie gut tut das, wenn jemand nach ein paar Tagen nachfragt: »Konntest du es umsetzen? Wie steht's mit dem Zeitplan, dem Lästern im Kollegenkreis oder dem Alkoholkonsum?«

 Welche Person oder Gruppe darf mich beim Umsetzen unterstützen?

> Tun wir uns Gutes! Etwas in die Praxis umzusetzen, braucht ganz viel Motivation. Es ist oft

Schwerstarbeit. Deshalb tut es gut, sich selbst zu belohnen. Gönnen Sie sich was Schönes!

Ich bin seit Monaten daran, einiges an Hausrat auszumisten. Dieses Projekt wird mich noch weitere Monate beschäftigen. Jede Woche eine halbe Stunde! Warum ich das tue? Um meinen Kindern später das Leben nicht zu erschweren. Ich werde mir am Schluss, wenn vieles im Secondhandladen, im Müll oder bei Ebay-Kleinanzeigen gelandet ist, eine richtig große Belohnung gönnen. Entweder eine außergewöhnliche Fahrradtour oder den Besuch beim Griechen. Oder beides?

 Wenn ich ... umgesetzt habe, gönne ich mir ...!

Prüfen heißt: die richtigen Maßstäbe, Verhaltensweisen und Gewohnheiten fürs Leben praktisch umsetzen.

Bibelabgleich

In Kapitel 3 ging es beim Prüfen von prophetischer Rede bereits darum, dass die Bibel im Gepäck unverzichtbar ist. Wir können fragen: Stimmen die Inhalte mit der Bibel überein, oder wird etwas gesagt, was davon wegdriftet?

Bibelabgleich! Manchmal ist der ja schnell gemacht: Es geht ums Thema »Teilen mit anderen

Menschen«. Da können wir die HelpFinder Bibel[25] oder die Thompson Studienbibel[26] benutzen, eine Konkordanz aufschlagen oder die Suchfunktion von ERF Bibleserver[27] nutzen. So werden wir schnell fündig und entdecken biblische Richtwerte zum Thema Großzügigkeit.

Prüfen heißt: mit der aufgeschlagenen Bibel leben.

Schwieriger wird es allerdings bei den Themen, die die Bibel nur am Rand behandelt (Beispiel: Homosexualität) oder die die Bibel noch gar nicht kennen konnte (Beispiele: Digitalisierung, Werbung, Parteiprogramme, Yoga, Homöopathie, Fake News, Künstliche Intelligenz ...). Geben wir dann einfach auf, weil wir in der Bibel nur weniges, Verwirrendes oder überhaupt nichts dazu finden? Das wäre schade. Ich denke, uns bleiben immer noch drei gute Möglichkeiten: zu überlegen, was Jesus wohl in diesem Fall getan hätte (s. o.), auf Erfahrungen und Erkenntnisse anderer Christen zurückzugreifen und vor allem zu beten. Diese zwei neuen Orientierungspunkte möchte ich noch vorstellen:

Schwarmintelligenz

Vielleicht geht es Ihnen manchmal wie mir: Ab und an schleicht sich so ein blödes Gefühl ein: »Uff, ist das Leben (als Christ) anstrengend! So viele herausfordernde Themen! Wann soll ich mir denn dafür die Zeit nehmen?« Das kann sich schon mal richtig schwer anfühlen. Es ist wichtig, dann nicht zu resignieren.

Mir hilft es, nicht alles alleine lösen zu wollen, sondern die Schwarmintelligenz zu nutzen. Ich frage mich: Wer hat davon Ahnung? Hat sich schon mal jemand Gedanken darüber gemacht? Wer kennt sich aus? Ich suche Rat bei Menschen in meiner Gemeinde, bei Experten in meinem Bekanntenkreis, in Büchern oder Podcasts[28]. Zu vielen Themen gibt es auch gute Dokumentationen. Wir können nicht alles selber wissen oder uns auf die Schnelle zu allem eine fundierte Meinung bilden. Dafür ist unsere Welt viel zu komplex geworden. Aber wir können die Kompetenz anderer Menschen anzapfen.

Ein Alltagsbeispiel: Im letzten Jahr bemerkte ich, dass mich meine Gedanken manchmal nicht zur Ruhe kommen ließen, ich nicht abschalten konnte. Ich überlegte, ob mich ein Gesundheitskurs unterstützen könnte. Dabei stieß ich auf das Angebot eines MBSR-Kurses (Mindfulness-Based Stress Reduction). Ein Programm zur Stressbewältigung durch Achtsamkeit. Da ich nun nicht auf irgendetwas hereinfallen wollte, vielleicht sogar auf einen esoterisch angehauchten Kurs, habe ich das Konzept geprüft. Also »Dr. Google« bemüht und den Wikipedia-Artikel dazu gelesen. Außerdem habe ich eine Christin angeschrieben, die Gesundheitskurse anbietet und viel Hintergrundwissen hat. Ich habe sie um Rat gefragt, und sie konnte mir den Kurs bedenkenlos empfehlen.

Mein Prüfen hat mir zuletzt noch ein Sahnehäubchen beschert: Ich habe eine Christin gefunden, bei der ich den Kurs besuchen kann. Erleichtert und fröhlich habe ich mich angemeldet.

Prüfen heißt: eigene Grenzen akzeptieren und vom Wissen anderer profitieren.

Gebet

Nun haben wir bereits einige Orientierungspunkte betrachtet, die uns bei der Selbstprüfung helfen können. Nicht zuletzt kann das Gebet Großes bewirken. Beten heißt die Kraft Gottes anzapfen. Dadurch werden unsere Grenzen gesprengt.

Beten für charakterliche Veränderung

Ich möchte von mir selbst erzählen: In unserem Pauluswort war von verändertem Denken die Rede. Damit habe ich in den vergangenen zwanzig Jahren viele Erfahrungen gesammelt. Ich hatte erkannt, dass ich in meinen ersten sechsunddreißig Lebensjahren manches negative Denken verinnerlicht hatte. Das war weder lebensförderlich noch jesusgemäß. Also habe ich mich psychotherapeutisch begleiten lassen und meine Gedankenwelt sozusagen aufgeräumt. Meine Gedanken haben sich dadurch stark verändert, sie sind jesusgemäßer geworden.[29] Fast nebenbei hat sich meine Alltagslaune erheblich verbessert. Ich kenne also diesen aktiven Prozess der Veränderung.

Wie ich vorgegangen bin? Ich habe mir für jede Lebenslüge einen Zettel genommen und sie darauf notiert. Beispielsweise: »Ich darf keine Fehler machen« oder »Nur wenn ich mich überfordere, dann erreiche ich auch richtig was«. Anschließend habe ich diese Lebenslügen durch befreiende Wahrheiten ersetzt. Beispielsweise durch: »Ich darf Fehler machen« oder »Bei allem Einsatz darf es auch mir gut gehen«. Diese Wahrheiten habe ich gut sichtbar in meiner Wohnung aufgehängt, bis sie irgendwann tief in mir verankert waren. Mein Herz und mein Denken sind verändert worden. Dieser jahrelange Prozess hat mich mutig und fröhlich gemacht. Das war stark!

Ab und an bin ich aber auch an eine Grenze gekommen. Das geht mir heute noch manchmal so. Ich stehe dann vor einem Problem, das ich nicht durch aktive Schritte lösen kann. Was kann ich dann tun?

Ich lasse Sie an dieser Stelle tief in mein Herz blicken. In den letzten Jahren habe ich in mir selbst neidische Gedanken entdeckt. Es gab und gibt Autorinnen/Referentinnen, die sowohl leistungsstärker als auch qualitativ besser sind als ich. Menschlich gesehen könnte man sagen, sie sind erfolgreicher. Ich spürte ganz banalen, hässlichen Neid! Da gab es den kleinen Stich im Herzen, wenn jemand hohe Verkaufszahlen aufweisen konnte! Dazu kam, dass diese »Besseren« auch von Verlagsseite intensiver unterstützt werden. Auch das konnte ich nicht uneingeschränkt schätzen.

Ist Neid jesusgemäß? Die Antwort ist klar: nein. Was also tun? Wie sollte ich mein Denken ändern? Ich habe Jesus anvertraut, dass ich es nicht hinbekomme, mich selbst an diesem Punkt zu verändern. Deshalb bete ich jetzt häufig für diese meine Schwäche und lasse den Heiligen Geist an meinem Charakter arbeiten. Ich lasse mich verwandeln! Das entlastet total!

Wir sind ein Team, Jesus und ich. Ich merke, dass er nach und nach mein Denken verändert, dass ich großzügiger werde. Das ist mein Herzenswunsch! Ich erlebe, wie der Geist Gottes mich an dieser Stelle in Arbeit hat. Wie er meinen Neid in immer mehr Mitfreude und Fairness meinen Kollegen gegenüber verwandelt. Wie er meinen Ehrgeiz zu einem Eifer formt, der in seinen Augen ausreicht. Und was soll ich sagen? Noch während ich an diesem Buchprojekt arbeite, hat mir der Verlag unerwartete Unterstützung zugesagt! Ich war perplex! So ist Gott! So beschenkt er, wenn wir uns von ihm verändern lassen.

Ich bin sicherlich noch nicht am Ende, aber ich möchte Sie mit hineinnehmen in den Prozess, in dem ich stehe. Gebet kann Großes bewirken! Grenzen werden gesprengt. Ob plötzlich oder nach und nach: Gebet schenkt den Change, den Umschwung, den wir ersehnen. Dem Heiligen Geist ist es möglich, unser Denken und unsere Gewohnheiten zu verändern. Auch da, wo wir uns für unmöglich halten.

Habe ich im persönlichen Gebetsleben auch eigene Anliegen auf der Agenda? Beispielsweise charakterliche Schwächen?

Jesus, du großer Menschenveränderer, schicke deinen Heiligen Geist, und forme mich in folgendem Lebensbereich: ..., damit ich dir ähnlicher werde.

Gebet um Weisheit

Nun noch zu einem weiteren Aspekt des Gebets. Vieles lässt sich beim Prüfen ja mithilfe des Kopfes regeln: lesen, durchdenken und sich austauschen. In unserer komplexen Welt kommen wir aber leicht an unsere Grenzen. Beten ist deshalb ein unvergleichlicher Schatz. Was beinhaltet er?

Gebet schenkt Mut, den manche Entscheidung braucht. Gebet schenkt Weisheit, die uns oft fehlt, und göttliche Leitung, die allen Verstand übersteigt. Im Gebet dürfen wir uns auf die Verheißung stützen: »Wenn jemand unter euch Weisheit braucht, weil er wissen will, wie er nach Gottes Willen handeln soll, dann kann er Gott einfach darum bitten. Und Gott, der gerne hilft, wird ihm bestimmt antworten, ohne ihm Vorwürfe zu machen« (Jakobus 1,5).

Unsere Kirche hatte die Anfrage bekommen, ob wir eine Videoübertragung für den Willow-Creek-Kongress in 2024 anbieten könnten. Unser Leitungskreis hat das durchdacht, war sich aber unsicher, ob das für uns als Kirche dran ist. Daraufhin haben sie uns darüber informiert und zum Beten eingeladen. Fazit: Mehrere hatten den Eindruck, dass es uns aktuell überlasten würde. Wir haben also aufgrund des Prüfens und Betens abgesagt.

Weisheit kann man erbitten! Das wird sich positiv auswirken: bei Ihnen zu Hause, in Ihrer Kirche, in Ihrem gesamten Umfeld. Prüfen heißt: beten!

Wenn Sie hier noch mal tiefer graben möchten, schauen Sie sich gern weitere Bibelstellen mit ähnlicher Stoßrichtung an:

Was ziehe ich persönlich aus Galater 6,4-5: »Jeder achte genau auf sein eigenes Leben und Handeln, ohne sich mit anderen zu vergleichen. Schließlich ist jeder für sein eigenes Verhalten verantwortlich«? Oder aus Epheser 5,8b-10 (ELB): »Wandelt als Kinder des Lichts – denn die Frucht des Lichts besteht in lauter Güte und Gerechtigkeit und Wahrheit –, indem ihr prüft, was dem Herrn wohlgefällig ist«?[30]

Neben unserem eigenen Leben nennt das Neue Testament noch weitere Prüffelder. Auf zwei davon möchte ich im Folgenden eingehen.[31] Zunächst schauen wir uns eine interessante Bibelstelle an, die einen besonderen Aspekt von Selbstprüfung behandelt.

Im Lichtkegel Gottes:
Sich selbst vor dem Abendmahl prüfen

Beim Abendmahl werden häufig die sogenannten Einsetzungsworte vorgelesen, die den Bezug zum Leben und Sterben von Jesus herstellen. Anschließend folgen scheinbar sperrige Sätze: »Wer also unwürdig dieses Brot isst oder aus diesem Kelch des Herrn trinkt, der macht sich am Leib und am Blut des Herrn schuldig. Deshalb sollt ihr euch prüfen, bevor ihr das Brot esst und aus dem Kelch trinkt ... Deshalb wartet aufeinander, liebe Brüder, wenn ihr zum Abendmahl zusammenkommt. Wenn ihr wirklich hungrig seid, dann esst vorher zu Hause, damit ihr nicht zum Gericht zusammenkommt, wenn ihr euch versammelt« (1. Korinther 11,27-28.33-34).

Unwürdig das Abendmahl nehmen? Das möchte sicher keiner. Doch worum geht es hier eigentlich? Es geht nicht um unser Verhalten in der Woche vor dem Gottesdienst, sondern darum, andere nicht sozial auszugrenzen. Leider wird das oft falsch ausgelegt und folglich anders verstanden.

Werfen wir einen Blick auf die Situation in Korinth: Der christliche Gottesdienst fing dort mit einer gemeinsamen Mahlzeit an. Danach folgte das sogenannte Herrenmahl (Abendmahl) mit seiner geistlichen Bedeutung. Außerdem gab es Gesang, Lehre, Prophetie und Zungenrede im Gottesdienst.

Die Gemeinde von Korinth hatte ein breites soziales Spektrum aus Reichen und Armen. Die Reichen waren häufig früh mit der Arbeit fertig und konnten – eventuell nach einem Besuch im öffentlichen Badehaus – schon zeitig zum Gottesdienst kommen. Die Armen (vor allem auch die Sklaven) konnten erst später kommen. An ihrem Eintreffen ließ sich also bereits ablesen, zu welcher sozialen Schicht jemand gehörte. Außerdem gingen die Späterkommenden oft leer aus, denn das Essen, das die Reichen mitgebracht hatten, war bereits aufgegessen. Für die Armen blieben dürftige Reste oder nur noch das Abendmahl übrig.

Unwürdig am Abendmahl teilzunehmen, bedeutete also: nicht auf die ärmeren Geschwister zu warten, sondern es sich am Büfett schon mal richtig gut gehen zu lassen. Das ist liebloses, asoziales Verhalten und verletzt Mitchristen,[32] darauf wollte Paulus hinweisen. Stattdessen sollten die Korinther zeigen, dass durch das Abendmahl eine neue Form von Gemeinschaft entstanden war, in der es keine sozialen Unterschiede gab. Alle waren gleich und die Ärmeren sollten nicht durch das Verhalten der Reicheren beschämt werden.

Selbstprüfung vor dem Abendmahl bedeutet also nicht, ängstliche Gemüter in Gewissenskonflikte zu bringen: Wie habe ich letzte Woche gelebt, bin ich überhaupt würdig, das Abendmahl zu nehmen? Wir alle brauchen diese Gnade, die wir dort feiern. Gerade weil unsere Woche so war, wie sie war. Darin sind wir alle gleich. Das Abendmahl darf trotz unserer »Unheiligkeit« von Freude, Dankbarkeit, Demut und Anbetung übersprudeln. Wir ehren das, was Jesus für jeden von uns getan hat.

Darüber hinaus kann das Abendmahl unsere Gemeinschaft und Verbundenheit stärken. Definitiv ist hier kein Platz für soziale (und andere) Ausgrenzung. Im 21. Jahrhundert können wir anhand der Erfahrungen der Korinther fragen: Gibt es auch bei uns heute soziale Unterschiede? Grenzen wir andere aus?

In einigen Gemeinden sitzt man während des Abendmahls nicht in Reihen, sondern man steht auf und bewegt sich durch den Raum. Man stellt sich vorne an oder steht sogar im Kreis. Plötzlich fällt auf, welche Kleidung wir tragen, wie aufwendig und teuer unsere Garderobe ist. Ich weiß, dass es vielen Christen der älteren Generation sehr wichtig ist, im Gottesdienst »würdig« gekleidet zu sein. Darunter verstehen sie genau das Gegenteil von Alltagskleidung: den schicken Anzug, das schöne Kleid, die edlen Sonntagsschuhe.

Aber vielleicht wäre es heute gerade gut, nicht durch besondere Kleidung aufzufallen? Es könnte unsere Mitchristen und Gäste vor einem inneren Gefälle bewahren. Denn seien wir ehrlich: Wir alle neigen dazu, andere von Kopf bis Fuß abzuscannen. Im Alltagsleben werden wir nicht alle gleich gekleidet sein. Da reicht die Spanne von der Jeans bis zum Businesskostüm. Beim Abendmahl allerdings sind wir alle gleich. Vielleicht können wir als Kirche insgesamt die Schwelle niedriger setzen, damit niemand denken muss: »Hier passe ich ja gar nicht rein. Bin ich willkommen?«

> Mache ich (oder macht meine Kirche) soziale Unterschiede im Gottesdienst?
> Wie kleide ich mich, um niemanden auszugrenzen? Wohin lenke ich innere und äußere Blicke, die so leicht bewerten, be- und verurteilen?[33]

Gottesdienstbesucher unterscheiden sich außer der Kleidung auch in ihren finanziellen Möglichkeiten. In einigen Gemeinden wird während des Abendmahls eine besondere Geldsammlung für Benachteiligte zusammengelegt. Auch das ist eine Chance, soziale Unterschiede aufzufangen und andere zu integrieren.

Nachdem wir unser soziales Verhalten beim Abendmahl überprüft haben, kommen wir zu einem weiteren Aspekt:

Im Lichtkegel Gottes: Die falschen Propheten prüfen

Wir lesen in 1. Johannes 4,1-3: »Liebe Freunde, glaubt nicht jedem, der behauptet, was er sagt, käme vom Heiligen Geist. Ihr müsst die Menschen prüfen, um festzustellen, ob der Geist, durch den sie reden, wirklich der Geist Gottes ist. Denn es gibt zahllose falsche Propheten in der Welt! Und so erkennt ihr den Geist Gottes: Jeder, der bekennt, dass Jesus Christus wirklich als Mensch auf die Erde gekommen ist, hat den Geist Gottes. Wer Jesus so nicht bekennt, gehört nicht zu Gott. In einem solchen Menschen ist der Geist des Antichristen. Ihr habt ja gehört, dass dieser Geist in die Welt kommen wird, und er ist tatsächlich schon da.«

Der Apostel Johannes rechnet damit, dass ein Prophet irren kann, beispielsweise eigene Gedanken ausspricht oder Göttliches und Menschliches vermischt. Außerdem weiß er sicher auch, dass falsche Propheten sehr selbstbewusst auftreten können. Selbstbewusstsein und Vollmacht können also vorgetäuscht sein. Aber was sind die Erkennungsmerkmale der falschen Propheten? Hier ist es ihre Einstellung zu Jesus Christus.

Ein kurzer Abstecher, der zum Verständnis beitragen kann: In den damaligen Gemeinden kamen erste Gedanken auf, die später zu einer christlichen Variante der Gnosis führten. Solche christlichen Gnostiker erkannten zwar Jesus als Mensch an, erwarteten aber die Erlösung durch Erkenntnis. Alles andere wäre in ihren Augen irrig und sogar lästerlich gewesen.[34] Sie verstanden Christus als geistiges Wesen. Ihre besondere Theologie besagte, dass Christus nur einen Scheinleib gehabt hätte. Menschlicher und himmlischer Christus seien bis zur Kreuzigung vereint, dann aber getrennt gewesen. Christus sei folglich nicht gekreuzigt worden.[35]

Die Gemeinde musste also prüfen: Geht es um den Christus, der nach wie vor eine Torheit und ein Ärgernis ist (siehe 1. Korinther 1,23), also den, der für uns gelebt und gelitten hat? Oder geht es um einen anderen Christus, der vielleicht ein bisschen ähnlich, aber letztlich doch anders ist? Welcher Christus wird hier bekannt?

Von Anfang an kennt Kirche also Irrlehrer. Werner de Boor formuliert: »Aber es gibt Pseudopropheten, d.h. Männer, die wie Propheten erscheinen, ›prophetisch‹ reden und doch nicht in Wahrheit ›Propheten‹, also von Gott beauftragte und von Gottes Geist erfüllte Menschen, sind.«[36]

Verführerisch ist insbesondere, dass falsche Propheten häufig ein hohes Sendungsbewusstsein haben. Gern betonen sie, dass sie in »seinem Namen« kommen. Außerdem wird ihr Auftreten davon getoppt, dass sie Zeichen und Wunder im Gepäck haben, also nicht schwach und wirkungslos daherkommen. Jack Deere bringt es auf den Punkt: »Alles, was Gott tut, wird der Teufel nachzuahmen versuchen, sogar die Geistesgaben, die der Herr seiner Gemeinde gegeben hat.«[37] So erklärt sich also leider das kraftvolle Auftreten. Es ist zum Verwechseln Jesus ähnlich, was manche falschen Propheten reden oder tun.

Was hat all das mit unserer heutigen Lebenswirklichkeit zu tun? Haben wir vielleicht auch schon Erfahrungen mit falschen Propheten gemacht?

Wir als Ehepaar haben berufsbedingt schon diverse Gemeinden kennengelernt. Außerdem bin ich durch meine Reisedienste in unterschiedlichen Kirchen und Gemeinden. Zwei Mal haben wir bisher mit falschen Propheten Erfahrungen gemacht. Einmal war es ein Ehepaar innerhalb einer Gemeinde. Diese beiden Menschen haben sich im Laufe der Zeit zu einem »Problem« entwickelt, sodass die Gemeinde sich dazu entschieden hat, sie auszuschließen. Es hatte leider zur Folge, dass mehrere Anhänger ebenfalls mitgegangen sind. Die Trennung war notwendig und heilsam. Trotzdem hat die Gemeinde länger unter den Folgen gelitten.

Außerdem kam noch eine zweite, topaktuelle Erfahrung dazu: Wir sind mit der Shincheonji-Sekte in Kontakt gekommen. Diese neue Religion aus Südkorea, gegründet von Lee Man-hee, ist unter anderem im Internet, aber auch auf der Straße und im persönlichen Umfeld aktiv. Besonders Christen werden gezielt angeschrieben oder angesprochen, ob sie Interesse an einer Veranstaltung haben. Lee Man-hee ist eine Prophetenfigur mit starkem Selbstbewusstsein und Absolutheitsanspruch. Shincheonji bezeichnet alle anderen Kirchen als satanisch. Da aber über persönlichen Kontakt versucht wird, intensive Bindung aufzubauen, und außerdem Namen und Veranstaltungsorte ständig wechseln, sind sie nicht immer leicht zu identifizieren.[38]

Ich wähle drei unserer erarbeiteten Spielregeln aus Kapitel 3 heraus und prüfe:

> Echtheitstest: Macht Lee Man-hee Jesus groß? Nein, Lee Man-hee behauptet, selbst die biblischen Prophezeiungen des Neuen Testaments zu erfüllen.[39]
> Bibelabgleich: Stimmen seine Aussagen mit biblischen Grundaussagen überein? Manche sicher ja, aber andere leider gar nicht.
> Lupentest: Welche »Früchte« kann man an seiner Person wahrnehmen? U. a. Absolutheitsanspruch, Druck durch soziale Isolation der neuen Mitglieder, Unterwanderung von Freikirchen und Landeskirchen, also Störung von christlicher Gemeinde und Gemeinschaft.

Es ist offenkundig, dass es sich um einen falschen Propheten handelt.

 Muss ich oder meine Kirche aktuell einen Propheten prüfen?

Sollten Sie sich überfordert fühlen, dann nutzen Sie gern die Schwarmintelligenz, also die Erkenntnisse anderer Menschen. Die evangelischen Orientierungen (siehe Anmerkungen) sind beispielsweise eine sehr gute Hilfe.

Wann ist eigentlich die richtige Zeit, um falsche Propheten zu prüfen? Ich meine, dann, wenn wir damit konfrontiert sind, wenn etwas brennt. Als wir persönlich mit dieser Sekte konfrontiert wurden, war es an der Zeit, zu prüfen! Es kann eine Faszination vom Bösen ausgehen, die uns lockt, ablenkt, neugierig und wissbegierig macht. Dieser Verlockung sollten wir uns entziehen. Im Alltag haben wir genug mit unseren Kernaufgaben zu tun. Und der Teufel lacht sich ins Fäustchen, wenn wir uns davon abhalten lassen.

Propheten zu prüfen, ist keine Übung für die Couch. Es geht für uns und unsere Kirchen darum, im Ernstfall zu bestehen.

Selbst wenn wir persönlich bisher keine Erfahrungen mit falschen Propheten gemacht haben, wird es so sein, dass uns die nächsten Jahre solche Erfahrungen vermehrt bescheren werden. Jesus spricht im Zusammenhang mit der Zukunft der Welt (Matthäus 24) deutlich von falschen Christussen. Die Bibel berichtet davon aber recht unaufgeregt, obwohl es für uns herausfordernd, erschütternd und verwirrend sein kann. Lassen wir uns anstecken von jesusgemäßer Gelassenheit! Jesus verspricht klar und deutlich, dass nichts und niemand seine Kirche aufhalten kann.

Was hat uns der erweiterte Blick auf das Prüfen im Neuen Testament nun gebracht? Prüfen bedeutet: Willkommen im Land der Selbsterkenntnis! Die Bibel führt uns auf uns selbst zurück.

Mit der Aufforderung, zu prüfen, setzt die Bibel einen starken Akzent. Vorrangig geht es um uns! Das stretcht! Es fordert heraus. Es liegt uns von Natur aus näher, andere aufmerksam und kritisch zu beachten: Partner, Verwandte, Nachbarn, Gemeindemitglieder, Politiker, Influencer auf den digitalen Plattformen, Kollegen … Aber es geht in erster Linie darum, das eigene Leben unter die Lupe zu nehmen.

Was geschieht durch gute Selbstprüfung? Es kann Schaden verhindert und Gutes gefördert werden! Das gilt für unser persönliches Leben, aber auch für unser Miteinander in Kirche und Gesellschaft. Denn selbstkritische Menschen wachsen! Sie kommen voran! Sie bleiben nicht die Alten, sondern wachsen immer mehr in das Bild hinein, das Gott sich bei der Schöpfung ausgedacht hat. So entstehen Persönlichkeiten. Das ist etwas Großes!

Vom Schmerz zur Freude

Ich muss gestehen, Selbsterkenntnis ist nicht einfach. Sie konfrontiert uns mit unseren Schattenseiten. Und doch sind die schmerzhaften Erkenntnisse oft heilige Momente. Ich nehme Sie mit zurück in mein Jahr 2002. Da hatte ich Anfang des Jahres eine tiefgreifende Schau Gottes auf meine Schattenseiten. Das war bitter. Unter anderem habe ich damals sklavische Pflichterfüllung bei mir erkannt. Schrecklich!

Schadet nämlich mir selbst und anderen. Es entstellt mich. Macht Gott keine Ehre. Es gab also Tränen und ernste Buße.

Blicke ich heute zurück, kann ich feststellen: Ich bin immerhin weiter! Ich entspreche mehr dem Bild, das Gott für mich im Sinn hat. Aber ich weiß: Ich sollte diese Schattenseite auch in Zukunft ansehen. Das wird Schaden in meinem Leben verhindern und Gutes fördern. Was das Gute sein kann? Es ist die Fähigkeit, mich dann leichtfüßig, hingegeben, gelassen und treu in Aufgaben zu investieren.

Ich lade Sie ein, sich innerlich entspannt zurückzulehnen:

Rückschau: An welcher Stelle ist mein Leben vorangekommen, weil ich mich selbstkritisch geprüft und etwas erkannt habe?

Zeit zum Feiern! Etwas Leckeres kochen! Ein Dankgebet nach oben schicken! Enge Vertraute zur Mitfreude einladen. Mich bei meinen Förderern bedanken!

Mit Wertschätzen und Feiern sind wir nun schon fast beim Behalten des Guten gelandet. Darum soll es im nächsten Kapitel gehen.

5. Gutes konservieren

Das Gute behalten

Wir kommen von der Preiselbeerernte zurück. Nachdem Opa genaustens abgewogen hat, wie viel jeder gepflückt hat (kleiner familiärer Wettbewerb muss sein!), geht es in den Garten zu einem grandiosen Teil, das er selbst erfunden hat. Mithilfe eines Sortiersystems aus Holz können die Preiselbeeren schnell sortiert werden: die guten zur Weiterverwertung, schadhafte in den Abfall. Selbstverständlich will Opa nur das Gute behalten! Die wirkliche Ernte! Sie ergibt eine schmackhafte Frühstücksmarmelade!

Bei der Ernte ist es ja einfach, das Gute zu erkennen und zu verwerten. Wie aber ist es im geistlichen Leben?

Im Kapitel 3 ging es darum, das Gute der prophetischen Rede zu behalten, also beispielsweise das umzusetzen, was ein inneres Echo auslöst. Oder es zunächst im geistlichen Regal zu parken, bis der richtige Zeitpunkt dafür gekommen ist. Nun wollen wir schauen, was das Neue Testament generell unter dem »Guten« versteht, und außerdem, wie wir es behalten können.

Der starke Klang in der Bibel

»Alles gut?« So hört man es häufig. Hat der andere einen leichten Tag, antwortet er meistens mit: »Ja, alles gut.« Ist er ein bisschen ehrlicher oder angeschlagener unterwegs, dann mit: »Es ist nie alles gut!«

Wenn wir von »gut« reden, ist das oft beiläufig und banal. In der Bibel klingt »gut« ganz anders. Es geht um Zentrales, weil Gott selbst als gut bezeichnet wird (Psalm 73,1; Matthäus 19,17), der Mensch im Gegensatz dazu ohne guten Kern. »Gut« kann im Neuen Testament unter anderem bedeuten: angenehm, brauchbar, schön, freundlich, gütig.[40]

Wie wir schon gesehen haben, ist in Römer 12 von Veränderung die Rede. Der Gedanke geht dort noch weiter: »Dann werdet ihr wissen, was Gott von euch will: Es ist das, was gut ist und ihn freut und seinem Willen vollkommen entspricht« (Römer 12,2b).

Wissen zu können, was Gottes Wille ist! Das ist also nicht unrealistisch, schwer oder gar unmöglich. Gott traut es uns zu. Er schult uns darin. Wenn wir uns kontinuierlich an biblischen Maßstäben orientieren, kann sich das Gute an den Früchten des Heiligen Geistes zeigen: Liebe, Freude, Frieden, Geduld, Freundlichkeit, Güte, Treue, Sanftmut und Selbstbeherrschung breiten sich bei uns aus (Galater 5,22-23). Im Leben mit Jesus wird unser Blick für das Gute verfeinert!

Wir sollen das Gute behalten. Was heißt das nun und wie geht das? Eine, die das praktiziert hat, ist die

Mutter von Jesus: »Maria aber bewahrte alle diese Dinge in ihrem Herzen und dachte oft darüber nach« (Lukas 2,19). Auch wenn das griechische Wort für »bewahren« hier ein anderes ist als in unserer Jahreslosung, schlage ich eine Brücke zu ihrem Leben. Es gab sehr viel Aufrüttelndes: Engelserscheinungen, Prophezeiungen (für ihre Schwangerschaft und die Aufgaben ihres Erstgeborenen), Gottesbegegnung, staunende Besucher und obendrein noch Himmelschöre. Sie bedachte all dieses Gute und hielt es dadurch fest. Sie konservierte es.

Hätte sie stattdessen auch Negatives bewahren können? Aber klar: »Wie soll alles gehen? Wie soll ich das schaffen? Was wird aus meinem Kind? Wie werden Menschen mit mir umgehen?« Angst vor dem Kommenden, Sorge um den eigenen angeschlagenen Ruf als Frau, Zweifel an der Zuverlässigkeit der Prophezeiungen – all das hätte sie erdrücken und handlungsunfähig machen können. Gutes behalten bedeutet: sich das Gute merken und darauf achtgeben.

Der Alltagskampf

Behaltet das Gute! Der zweite Teil der Jahreslosung scheint nicht überflüssig zu sein. Manchmal muss man uns ernsthaft zum Guten auffordern! Es ist eben nicht immer einfach, selbstverständlich oder naheliegend, das Gute zu wollen und zu behalten. Es festzuhalten, weil es kostbar ist. Erinnern wir uns, wie wir in der letzten Woche gehandelt, was wir gewollt, wo wir gefehlt haben. Ehrliche werden schnell bemerken: Das Böse war manchmal verlockender, es zog uns an. Wir brauchen den Anstoß, das Gute zu wollen. Denn das Böse liegt uns manchmal näher.

Paulus scheint nicht vorauszusetzen, dass wir das »automatisch« machen. Sicher hängt es damit zusammen, dass unsere Welt oft alles andere als gut ist – weder unsere private noch die globale Welt. Wie gelingt uns der Fokus auf das Gute, allem Negativen zum Trotz?

Ich habe schon davon erzählt, dass ich in meiner Gedankenwelt gründlich aufgeräumt habe. Auch dort ging es durch Losreißen vom Negativen: Wieder Angst gefühlt oder Sorge gespürt? Dann abgeben, umdenken, ausrichten. Wahrheiten lesen und fokussieren. Auf diese Weise kam der Umschwung. Je länger ich das einübte, desto schneller konnte ich es wahrnehmen, wenn negative Gedanken mal wieder Raum in mir nehmen wollten.

Heute kann ich feststellen: Während ich vor meiner Lebenskrise von überwiegend negativen Gedanken bestimmt wurde, sind es mittlerweile, nach intensivem geistlichem und psychotherapeutischem Training, überwiegend positive. Das ist ein Wunder. Ich möchte nie wieder dahinter zurück! Das Gute behalten wir, indem wir uns immer wieder vom Negativen losreißen.

Wir schauen uns nun Beispiele aus verschiedenen Lebensbereichen an und sehen, wie wir darin das Gute behalten können:

> im persönlichen Leben
> in Beziehungen
> im Gottesdienst
> im Umgang mit kulturellen Errungenschaften
> in der Politik

Wir erfinden also ein Sortiersystem – nicht für Preiselbeeren, sondern für das eigene Leben.

Gutes im persönlichen Leben

Das in der Jahreslosung verwendete Adjektiv für »gut« (griechisch: *kalós*) hat im Neuen Testament einige Bedeutungsnuancen.[41] Häufig geht es darum, Gutes für Jesus oder für unsere Mitmenschen zu tun. Für Ersteres steht beispielsweise die Salbung in Bethanien (Matthäus 26,10), die eine gute Tat an Jesus war. Gute Taten für andere Menschen werden beispielsweise in Römer 14,21 angesprochen. Dort geht es um rücksichtsvolles Verhalten den Mitchristen gegenüber, was Essen und Trinken betrifft. In 1. Timotheus 5,4 um fürsorgliches Verhalten den Witwen bzw. den eigenen Eltern gegenüber und in Titus 3,8 um gute Werke allgemein.

Pfadfinder üben die gute Tat bewusst ein. Das kann auch uns anregen! So leicht gehen wir unter im

Eigenen, in dem, was in Familie, Ehrenamt und Beruf wichtig ist. Dazu gehören sicher auch viele gute Taten. Trotzdem kennen wir den Tunnelblick. Denn manchmal steht das Gute des heutigen Tages nicht auf unserer To-do-Liste, sondern kommt ins Leben gepurzelt:

> der Partner, der eine Ermutigung braucht
> der Nachbar, den man im Auto mitnehmen kann
> der Freund, der eine Gebetsunterstützung erbittet
> der Kranke, den eine Postkarte erfreut
> der Kollege, der sich aussprechen möchte

Gott schenkt Impulse zum Guten! Da bin ich mir sicher. Mein Nachbar ist Christ. Ein viel beschäftigter Mann in Verantwortung. Neulich hat er mich spontan zum Bahnhof gefahren, weil ich mit schwerem Koffer dorthin musste. Einfach so. Ungeplant. Er hat seinen Alltag dafür unterbrochen und mir Gutes getan. Das hat mich beeindruckt.

 Was kann ich heute Gutes tun?

Neben der guten Tat können wir auf unsere Innenwelt achten. Also auf unsere Gedanken und Gefühle, die sich dann in unseren Handlungen zeigen. Meiner Erfahrung nach hat jeder von uns bestimmte Neigungen zum Unguten, Schlechten und Negativen (siehe Galater 5,19). Die sogenannten Lieblingssünden. Nicht alles ist für jeden ein Problem, aber manches: Der eine ist vielleicht besonders angefochten darin, immer wieder neidisch zu werden; der andere neigt dazu, ausschweifend zu essen oder zu trinken, also seinen Lüsten nachzugeben; die Nächste bemerkt, dass sie in der Gemeinde häufig kämpferisch auftreten möchte und innerlich Argumente sammelt. Hier geht es darum, Gott an unserem Charakter arbeiten zu lassen.

Mit welchen unguten Früchten habe ich besonders zu kämpfen: unreine Gedanken, Vergnügungssucht, Götzendienst, Zauberei, Feindschaften, Streit, Eifersucht, Zorn, selbstsüchtiger Ehrgeiz, selbstgerechte Abgrenzung gegen andere Gruppen, Neid, Trunkenheit, ausschweifender Lebenswandel, Unzucht? Oder mit Selbstüberforderung, Faulheit, Internetsucht, Sorgen, Ängsten, Lüge?

Ich suche »mein Gutes«. Bedeutet es, großzügiger zu denken und zu leben, selbstbeherrschter zu essen oder sanftmütiger aufzutreten? Oder ...? Und ich bete für meine Schwächen.

Gott wird das segnen: Er achtet unsere Ehrlichkeit uns selbst gegenüber. Er wird uns anleiten für den nächsten Schritt. Das Gute im persönlichen Leben behalten bedeutet: Gutes tun und persönliche Problemzonen Gott hinhalten.

Wer so unterwegs ist, kennt vielleicht das Gefühl: »Jetzt komme ich emotional an meine Grenze. Ich bin enttäuscht von mir, weil ich das Gute will, aber es nicht immer wunschgemäß schaffe.« Paulus beschreibt das für sich in Römer 7,19. An diesem Punkt lauert eine große Gefahr.

Ich habe schon erzählt, dass ich sklavische Pflichterfüllung als wunden Punkt bei mir erkannt hatte. Als ich zu dieser Erkenntnis kam, wäre ich fast am Boden liegen geblieben. Ich war so frustriert über mich und enttäuscht von mir selbst, dass ich zunächst nur geweint habe. Ja, Selbsterkenntnis kann richtig belasten. Sie lehrt uns Demut Gott gegenüber und zerbricht menschlichen Hochmut. Das ist gut.

Aber Achtung: Selbstprüfung kann in Selbstzerfleischung umschlagen. Das ist nicht mehr »das Gute«! Es ist eher »das Böse«: Wir schaffen es nicht mehr, die Krone zu richten und aufzustehen. Resigniert, enttäuscht, traurig, ungnädig blicken wir auf unser Leben. Das bringt uns durcheinander, lässt uns an Gottes und unserer eigenen Gnade zweifeln, lehrt uns das Grübeln, untergräbt unseren Mut, verfinstert die Stimmung, mindert unsere Tatkraft und lässt uns in der Vergangenheit stecken bleiben. Dann hat der Teufel gewonnen. Das Gute ist erstickt. Ich weiß um diese Gefahr sowohl im eigenen Leben als auch im Leben anderer.

 Welche Form der Selbstzerfleischung kenne ich?

Mir fällt es relativ leicht, mich selbstkritisch zu prüfen. Deshalb ist es für mich – und ähnlich Gestrickte – wichtig, dass wir uns irgendwann wieder davon lösen! Raus aus der Selbstprüfung, rein ins Leben. Für mich heißt das im Umgang mit meinem früheren sklavischen Pflichtgefühl, dass ich mich annehme, wenn ich es mal wieder übertrieben habe. Dass ich mich deswegen nicht innerlich verdamme. Außerdem übe ich, im Alltag in eine gute Balance von Pflicht und Kür zu kommen. Wenn ich aber mir selbst oder anderen mal wieder das Leben zu schwer gemacht habe, dann versuche ich erneut, eine Pause zu nehmen, sie mir (und anderen) zu gönnen und zu genießen.

Das Gute zu behalten, bedeutet im persönlichen Leben, die Krone zu richten und aufzustehen: wenn wir versagt haben, Gottes Gnade zu glauben, uns selbst Gnade zu schenken, das Nachdenken zu beenden, Mut zu fassen, die Stimmung positiv werden zu lassen und in die Tatkraft zu finden.

Wie sieht es bei Ihnen aus? Nehmen Sie ein Beispiel aus Ihrem eigenen Leben. Wie könnte das Gute dort aussehen?

Im Umgang mit ... nehme ich mir Folgendes vor: ...

Gutes in Beziehungen

Neulich musste ich eine gute Freundschaft teilweise loslassen. Bedingt durch Umzug und persönliche Entwicklung zogen sich zwei Freunde von uns als

Paar zurück. Es gab also keinen Streit oder Trennung, aber Rückzug. Für uns kam das unerwartet. Es hat am Anfang richtig geschmerzt, denn wir hatten wunderbare Jahre miteinander. Zunächst musste ich mit vielen negativen Gefühlen klarkommen: Unverständnis, Trauer, Ärger, Enttäuschung. Die brauchten Zeit und Beachtung. Sie durften nicht einfach übergebügelt werden.

Aber auch hier kam irgendwann der Punkt, an dem ich mich für das Gute zu entscheiden hatte: Bin ich bereit, die gemeinsamen Frühstücke, den Austausch, die Gebetszeiten, also tiefgehende Gemeinschaft, als positive Erinnerung abzuspeichern? Oder bleibe ich in meinen negativen Gedanken und Gefühlen hängen? Bin ich bereit, die beiden innerlich freizugeben?

Das Gute in Beziehungen behalten bedeutet: nach Einschnitten durch Streit, Auseinandersetzung, Veränderung oder Rückzug in inneren Frieden mit anderen kommen und den gemeinsamen Segen konservieren. Ich möchte also in der Zukunft nicht verächtlich oder ärgerlich an meine Freunde denken. Vielmehr möchte ich mit ihnen im Reinen sein. In diesem Fall habe ich es mit Gottes Hilfe auf die Reihe bekommen. Es kann aber ohne Weiteres sein, dass man Unterstützung durch Zweierschaft, Seelsorge oder Therapie braucht. Scheuen Sie sich nicht, sich Unterstützung zu suchen. Das ist ein Zeichen von Stärke.

Mit wem aus meiner Vergangenheit bin ich noch nicht im Reinen?

 Wer kann mich eventuell darin unterstützen, das Gute in einer Beziehung zu behalten?

Gutes im Gottesdienst

Wir schauen in einen weiteren Lebensbereich hinein: den Gottesdienstbesuch. Gottesdienstbesuch ist doch generell gut. Wieso hier das Augenmerk darauf, das Gute zu behalten?

Vielleicht kommen Ihnen folgende Bemerkungen vom Mittagstisch bekannt vor: »Das Lied nach der Predigt hat ja überhaupt nicht gepasst. Ich hätte irgendwie Stille gebraucht.« »Heute war doch Ewigkeitssonntag, warum hat keiner das erwähnt?« »Der Pastor hat wieder nur Beispiele vom Fußball gebracht.« Manchmal muss wirklich erst mal alles raus: unsere Meinung und unsere Einstellung. Mit vielem mögen wir sogar recht haben. Vielleicht hätten mehrere Gottesdienstbesucher Stille nach der Predigt gebraucht oder andere Beispiele besser verstanden.

Aber könnte es sein, dass gerade Freikirchler oft sehr ungnädige Gottesdienstbesucher sind? Unsere Ansprüche sind hoch und unsere Meinung ist uns oft heilig. Es gibt auch hier wieder den Punkt, wo es kippen kann: Bleiben wir bei unserer kritischen Sichtweise? Verharren wir im Abchecken, Beurteilen, Prüfen? Fokussieren wir das Negative oder finden wir bewusst wieder hinaus? Dabei können folgende Fragen eine Hilfe sein:

Was hat mich heute persönlich berührt und angesprochen? Was war gut für die Gesamtgemeinde?

Wir können uns vom Kritischen lösen und fürs Persönliche bereit werden. Noch fruchtbringender ist, wenn wir nicht nur Positives denken, sondern gleich dafür beten. Sie werden spüren, wofür Sie direkt nach dem Gottesdienst, auf dem Heimweg oder nach dem Mittagessen beten können.

Herr, ich bete für deine ausgestreute Saat, dass sie aufgeht und Frucht für dein Reich bringt,
> für die Mitarbeiter, die sich heute verausgabt haben,
> für die unbekannten Gesichter – gehe ihnen in deiner Liebe nach –,
> für die Belasteten, dass sie Zuspruch und Ermutigung mit in ihre Lebenssituation nehmen.

Das Gute im Gottesdienst behalten bedeutet: uns betreffen lassen. Außerdem das Reich Gottes durch Gebet fördern.

Gutes in kulturellen Errungenschaften

Unsere Welt ist schön, bunt und vielseitig. Wir Menschen sind unglaublich kreativ, schöpferisch und erfinderisch. Deshalb entsteht immer wieder Neues. Kulturelle Errungenschaften sind beispielsweise in schönen Künsten (Musik, Kunst oder Literatur), in Entwicklungen und Erfindungen (Wirtschaft, Politik, Gemeinwesen oder Technik) zu finden.

Die Welt ist aber auch verwirrt, kaputt und überfordert. Es gibt vieles, was auf uns einströmt und was wir zu prüfen haben. Es ist herausfordernd, uns nicht einfach von vornherein abzuschotten.

Ein Bereich ist die Digitalisierung. Die Coronakrise hat sichtbar werden lassen, dass Deutschland in der Entwicklung noch weit zurückliegt. Andere Länder sind deutlich weiter als wir. Für manche Christen ist es dennoch schwer, die digitale Welt nicht generell abzulehnen. Dafür gibt es verständliche Gründe: Manche möchten online nichts bestellen. Zu groß ist die Angst, man könne es nicht mehr kontrollieren und Geld verlieren. Andere stehen der Handynutzung kritisch gegenüber. Zu groß ist die Sorge, persönliche Beziehungen könnten auf der Strecke bleiben oder man selber süchtig werden. Diese Vorbehalte sind berechtigt, weil die Gefahren real sind.

Das Gute zu behalten, bedeutet hier, die Dinge zu beherrschen, statt beherrscht zu werden. Schauen wir die kirchliche Landschaft an: Mithilfe von Handys können Kranke und Einsame Kontakt halten, Ältere oder Kranke per Livestream an Veranstaltungen teilnehmen und Teams sich virtuell vernetzen. Das ist erleichternd. Beziehungsstiftend. Missionarisch. Verbindend. Eine wirkliche Bereicherung.

Durch den Livestream der Gottesdienste können Kirchen ihren Einflussbereich vergrößern und gute Inhalte ins Netz bringen. Außerdem ist es beispielsweise möglich, Spenden per PayPal entgegenzunehmen. Dazu kann man einen Button auf der Homepage der Kirche einrichten oder auf einem Infoblatt einen QR-Code abdrucken. Durch wenige Klicks können Menschen auf diese Weise Kirchen finanziell unterstützen. Das ist unkompliziert und sicher.

Verlassen wir den Bereich der Digitalisierung und werfen wir noch einen Blick in den Bereich der Künste. Auch hier gab es zu allen Zeiten Berührungsängste unter Christen: Film, Theater, Tanz, Sport(verein), Malerei oder Literatur. Der eine möchte seine Ehe nicht gefährden, indem er mit anderen Partnern tanzt, der Nächste befürchtet Trinkgelage bei Vereinstreffen oder negative Prägungen durch Inhalte eines Films oder Theaterstücks.

Manche dieser Berührungsängste sind unbegründet. Jesus lädt uns durch sein Verhalten in einen menschenzugewandten Lebensstil ein. Beim Lesen der Evangelien können wir dem nachspüren. Er war frei, offen, unabhängig und gleichzeitig tief in Gott verankert. Diese Verankerung geht auch uns nicht gleich verloren, wenn wir uns Künsten gegenüber öffnen.

Hier eine praktische Anregung, wie wir Gutes behalten können. Wenn ich mich Künsten gegenüber öffne, beispielsweise ins Theater gehe oder einen Film schaue, helfen mir folgende Fragen:

> Was kann ich über Menschen oder die Welt lernen? Was sehe ich unter christlichen Gesichtspunkten anders? Wo und wie wird hier Gutes vermittelt?

Künste sind ein Geschenk. Sie lenken ab von Pflicht und Herausforderung, schenken uns neue Einsichten, geben uns Anregungen, nähren manchmal unsere Seele. Außerdem helfen sie uns, die Menschen unserer Zeit besser zu verstehen, ihre Sehnsüchte besser wahrzunehmen. Ich meine, dass das sehr wichtig ist, um als Einzelne und als Kirche die Liebe von Jesus Christus angemessener zu kommunizieren. Nur wenn wir die Welt der anderen kennenlernen und ihr nachspüren, sind wir »den Juden ein Jude« geworden. Damit spiele ich auf 1. Korinther 9,19 f. an: »Das bedeutet, dass ich an niemanden gebunden bin. Dennoch habe ich mich zum Diener aller gemacht, um möglichst viele für Christus zu gewinnen. Den Juden bin ich einer von ihnen geworden, um sie für Christus zu gewinnen.«

Innerhalb der kirchlichen Landschaft hat uns die innovative Arbeit von Willow Creek manches gelehrt. Sie hat uns gezeigt, wie man Menschen in Veranstaltungen durch Künste innerlich berühren kann, sodass sie offener für christliche Inhalte werden.

In Sachen Genussmittel spricht die Bibel ja deutlich an, wie ein gesunder Umgang damit aussehen kann. Das können wir ebenso in Bezug auf kulturelle Errungenschaften einüben. Und wenn wir in der Bibel dazu keine konkrete Aussage finden, unterstützen uns möglicherweise andere Christen durch ihre Erkenntnisse und Erfahrungen.[42] Wir können als Christen von kulturellen Errungenschaften profitieren. Offenheit einerseits und gesunde Abgrenzung andererseits sollten dabei unsere inneren Pfeiler sein.

Gibt es Neuerungen, gegen die ich mich bewusst oder unbewusst sperre? Was verpasse ich vielleicht deshalb an Gutem? Welche Grenzen möchte ich mir selbst im Umgang mit Kultur setzen?

Das Gute im Umgang mit kulturellen Errungenschaften behalten bedeutet: sich die Dinge im gesunden Rahmen nutzbar machen.

Gutes in der Politik

In einigen bisher angesprochenen Lebensbereichen war es relativ einfach, das Gute zu finden. Herausfordernder wird es vermutlich im Bereich der Politik.

Wer kennt nicht das Gefühl, überfordert zu sein, wenn Parteiprogramme ins Haus flattern? Aktuell erschrecken manche über links oder rechts gerichtete Extreme in Deutschland. Mancher vermisst christliche Werte und charakterstarke Politiker. So suchen wir vielleicht händeringend »das Gute« und können es in der Politik kaum finden. Manchmal gibt es wenig Gutes, aber wenigstens das Bessere zu finden.

Wir haben bereits diverse Orientierungspunkte und Spielregeln kennengelernt, die uns voranbringen werden. Außerdem können wir uns in allen Lebensbereichen – besonders in der politischen Auseinandersetzung – an christlichen Werten ausrichten. Ich nenne einige:

> Gottesebenbildlichkeit des Menschen
> Bewahrung der Schöpfung
> Gerechtigkeit
> Würde des Menschen
> Gleichheit aller Menschen
> Verlässlichkeit
> Mut
> Gewaltlosigkeit
> Barmherzigkeit
> Treue
> Ehrlichkeit
> Verzichtbereitschaft
> Hilfsbereitschaft
> Respekt
> Versöhnungsbereitschaft ...

Welche Werte halte ich für unverzichtbar?

Anhand von Werten können wir Dinge prüfen und dann das Gute behalten. Ein Beispiel: Wir kennen die gesamtgesellschaftliche Herausforderung, dass unser westlicher Lebensstil oft auf Kosten dieser Erde geht. So unterstützt beispielsweise unser Konsumverhalten manches, das weder gerecht noch schöpfungsfreundlich ist. Zum Beispiel verschwenden wir zu viele Rohstoffe, wenn wir häufig die neusten Handys erwerben. Oder wir sorgen durch unsere Ernährung, mäßige Dämmung unserer Immobilien oder unsere Mobilität für einen hohen CO_2-Ausstoß. Das würde dann nicht mit den oben genannten Werten von Gerechtigkeit und Bewahrung der Schöpfung übereinstimmen. Wir können das für uns persönlich prüfen und fragen, ob wir etwas an unserem Lebensstil ändern wollen.

Im Umgang mit Werten ist es außerdem hilfreich zu fragen: Klingt etwas nur theoretisch gut, oder bewährt es sich auch in der Praxis? Der Kommunismus kennt beispielsweise gute Grundideen wie soziale Gleichheit und Freiheit aller Gesellschaftsmitglieder. Man kann darin attraktive Gedanken entdecken, die an den »Urkommunismus« der ersten Christengemeinde in der Apostelgeschichte erinnern. In der Umsetzung aber – beispielsweise durch kommunistische Parteidiktaturen – entspricht er keineswegs christlichen Werten und hat für viel Elend gesorgt.

Mithilfe christlicher Werte können wir also manche Strömung oder Entwicklung besser einschätzen lernen. Sie können uns darüber hinaus zum Handeln motivieren.

Auch Faktenchecks können eine große Hilfe sein. Ich möchte vier nennen: ARD-Faktenfinder, dpa-Faktencheck, CORRECTIV, Mimikama.[43] Mithilfe dieser Internetseiten können wir uns informieren, um Fake News zu identifizieren. ARD-Faktenfinder bietet außerdem einen Podcast an. Alle Faktenchecks liefern umfassende Informationen, um die digitale Welt sicherer zu machen.

Beten und Wählen sind weitere mündige Verhaltensweisen. Paulus schreibt in 1. Timotheus 2,2-3: »So sollt ihr für die Herrschenden und andere Menschen in führender Stellung beten, damit wir in Ruhe und Frieden leben können, wie es Gott gefällt und anständig ist. Das ist gut und macht Gott, unserem Erlöser, Freude.«

 Für welchen Politiker möchte ich gezielt beten?

Und was das Wählen betrifft? Anstatt gar nicht zu wählen, ist es sicher besser, wenigstens das zu wählen, was unserer christlichen Überzeugung am nächsten ist. Das Gute im Bereich der Politik behalten bedeutet: uns vielseitig informieren, uns im Gebet engagieren und zur Wahl gehen.

In den letzten beiden Kapiteln haben wir weiterführende Textstellen im Neuen Testament angeschaut. Dadurch ist deutlich geworden: Unser Jahresvers ist biblisch verankert und relevant! Er fordert uns heraus, einen vertieften Blick auf unser persönliches Leben zu wagen und uns mündig mit unserer komplexen Welt auseinanderzusetzen. Ein zeitloses Juwel!

Was wir für unser Heute daraus ziehen können, das möchte ich im letzten Kapitel noch einmal bündeln und zuspitzen.

6. Bestens ausgestattet!

Eine meiner Schulfreundinnen ist im dörflichen Milieu groß geworden. Im ersten Stock ihres Elternhauses stand im Flur eine große Holztruhe. Was mochte wohl darin sein? Keine Ahnung! Irgendwann lüftete meine Freundin den Deckel und damit das Geheimnis: Zu meinem Erstaunen erblickte ich Tischdecken und Bettzeug! Es war die sogenannte Aussteuer, das Geschenk ihrer Eltern für den zukünftigen Start in ihre Ehe. Die Tochter sollte doch bestens ausgestattet sein.

Kann es sein, dass Gott uns mit dem Jahreslosungswort auch eine wertvolle Aussteuer für unsere Zeit mitgegeben hat? Ich meine, ja, denn dieses Wort ermutigt uns, zu differenzieren und uns zu fokussieren.

Differenzieren

Was wir heute prüfen sollten

Können Sie sich noch erinnern, wie wir im ersten Kapitel gestartet sind? Mit Entdeckerfreude, Neugier, Offenheit und Vertrauen. Das tut gut – in unserem Verhältnis zum Heiligen Geist und in unserem gesamten Alltagsleben. Besonders kostbar ist diese Einstellung für alle, die Ü50, also über fünfzig Jahre alt, sind. Diese Haltung kann uns nämlich davor bewahren, uns vor neueren Entwicklungen »aus Prinzip« zu verschließen.

Wir haben gemerkt, dass die Jahreslosung uns zwar dazu einlädt, »alles« zu prüfen. In Beziehungen, Familie, Kirche und Gesellschaft brauchen wir aber keine grundsätzlich kritischen, skeptischen oder argwöhnischen Menschen, sondern wir brauchen Menschen, die unterscheiden (differenzieren) können, was geprüft werden muss. Ist es ...

> der Stromverbrauch des Kühlschranks
> die Zeiteinteilung des erwachsenen Kindes
> die Parteiprogramme bei der Wahl
> die prophetische Rede des Bruders im Gebetskreis
> die Predigt des unbekannten Gastpredigers
> der Glaube eines Gemeindemitglieds
> der WhatsApp-Verlauf des Partners
> eine neue christliche Gruppierung
> der Autokauf des Pastors
> eine brandaktuelle Kurznachricht auf Instagram
> die persönliche Zeiteinteilung nach dem Eintritt in eine neue Lebensphase
> die schwerwiegende ethische Entscheidung der guten Freundin
> die politische Entwicklung rund um das Volk Israel
> oder ...?

Vielleicht sind Sie bei einem Beispiel nachdenklich
geworden, bei einem anderen mussten Sie schmunzeln. Das ist schön, denn gerade ernste Themen brauchen unseren Humor.

 Was davon muss von mir geprüft werden? Was
nicht? Was geht mich eigentlich gar nichts an?

Wer heute auf jeden Fall prüfen sollte

Prüfen ist ja eine Befähigung, die Gott uns zutraut.
Für manche wird sie sogar ganz besonders wichtig:
Wir kennen Menschen, die schnell zu begeistern
sind. Es gibt sie in allen Altersgruppen. Ihre Augen
strahlen und sie bringen nur drei Worte über die Lip-
pen: »Das war mega!« Möglicherweise kommt sogar
nur ein Wort: »wunderschön«, »klasse«, »enorm«,
»krass«, »stark« oder »super«. Jedenfalls sind manche sofort restlos angetan. Diesmal vielleicht von
einer Predigt.

Sich für etwas begeistern zu können, ist ein tolles
Geschenk. Aber ist denn wirklich »alles« toll und
großartig? Sowohl in der Kirche als auch in der gesamten Welt? Nein, manches ist es ganz sicher nicht.
Unsere Welt ist komplex geworden. Wir sollten nicht
einfach alles euphorisch durchwinken. Ohne Prüfen wird es auch in Zukunft nicht gehen, wenn wir
uns zurechtfinden wollen. Ein kritischer Blick kann
Schaden verhindern und Besonnenheit lehren. Gerade Menschen, die sich schnell begeistern lassen,

dürfen lernen, zu differenzieren – und dabei sieben sie dann das Gute für sich und ihre Kirche heraus.

 Moment mal! Ist das hier wirklich gut?

Zur Begeisterungsfähigkeit kann auch ein Faible für Geistesgaben allgemein gehören. Vielleicht für die prophetische Rede. Vielleicht hat jemand den Drang, dieser Gabe immerzu und überall Raum geben zu wollen?

Wo wir heute besonders prophetische Rede brauchen
Wir wollen deshalb schauen, wo wir heute besonders von prophetischer Rede profitieren können:

> im persönlichen Zuspruch für Einzelne: Segnungsgebet oder anderes seelsorgerliches Setting (siehe Beispiel aus Kapitel 3: Ein kranker Mensch bittet um Gebet.)

> im Rahmen von Evangelisation und Gemeindegründung: Menschen können durch Offenbarungen zu ihrem inneren Zustand stark berührt werden.

> in der Leitungsarbeit von Kirchen und christlichen Werken: Bei Vision Days oder in Sitzungen von Arbeitskreisen können zukunftsweisende Eindrücke empfangen werden.

> innerhalb des Berufungsprozesses von hauptamtlichen Mitarbeitern oder ehrenamtlichen Leitern: Es klärt sich, wer gewählt werden kann.

> bei größeren Entscheidungen, die die Gesamtgemeinde betreffen

> als Orientierungsmarke zum Weltgeschehen innerhalb von (geistlich) zugespitzter Zeit

Ja, der Geist Gottes möchte manchmal unsere gute und wohlüberlegte Agenda stören, uns wachrütteln, unruhig machen, uns aus der Gemütlichkeit herausreißen, tiefgreifend überführen und damit Verkrustungen aufbrechen. Denn erst dann kann er auch Auswege aufzeigen, neue Richtungen einschlagen helfen, frischen Wind hereinbringen und mit alldem umfassenden Segen ermöglichen.

Wie wir heute prophetische Rede prüfen können

Wir haben festgestellt: Kirche kann sich bewusst für die prophetische Rede öffnen, weil sie Gutes bewirken kann: warnen, korrigieren, ermutigen, helfen. Das ist im wahrsten Sinne des Wortes wundervoll!

Zu unserer »Aussteuer« gehört, dass Gott uns das Prüfen von prophetischer Rede zutraut – und zwar der ganzen Gemeinde. Das ist unsere Basiskompetenz, die wir Christen immer wieder durch Bibellese, Gemeinschaft, Hingabe oder sogar Leiderfahrung trainieren können. Dadurch wächst geistliche Urteilsfähigkeit.[44]

Im Grunde ist es ein Schutz für die Kirche, dass wir alle in der Verantwortung sind. So werden Einzelkämpfer nicht so schnell Böses anrichten können. Unsere gewachsene Urteilsfähigkeit kann also vor Missbrauch des Geschenks der prophetischen Rede bewahren (siehe die Gedanken zu falschen Propheten in Kapitel 3 und 4). Wie kann die Gemeinde heute nun ganz konkret prüfen? Welche Settings sind denkbar?[45] Ich hatte schon vorgestellt:

> Austausch in Gemeindestunden
> Gemeinsames Hören beim hörenden Gebet

Außerdem ist denkbar:

> Stille einbauen. Es ist in jeder Veranstaltung möglich, gemeinsam auf Gott zu hören. Diese »Unterbrechung« eines Programms ist mutig und spannend. Wir geben gemeinsam die Kontrolle ab! Im günstigen Fall werden wir vom Heiligen Geist überrascht werden.
> Prüfen durch Freigabe: Prophetische Rede kann schriftlich notiert werden. Die Gemeinde weiß, wer während einer Veranstaltung etwas »vorprüfen« wird (Pastor, Leitungskreismitglied, Mitarbeiter). Der Hörende bringt seinen schriftlichen Eindruck zu dieser Person. Dadurch wird Banales, Oberflächliches, Unpassendes oder Problematisches aussortiert. Und Übereinstimmendes wird gebündelt. Geprüfte Beiträge werden der Gemeinde mitgeteilt. Dann kann die Gemeinde darauf reagieren.
> Prüfen anhand von Erfahrungsberichten: Es sollte ab und an die Möglichkeit geben, dass Einzelne berichten: »Dieses Wort hat in mir ... ausgelöst.«
> Prüfen durch eine spezielle Kleingruppe: Die Gemeinde kann Menschen zusammenbringen, die bereits persönliche Erfahrungen im Beurteilen von

prophetischer Rede gesammelt haben. Wenn ein prophetischer Eindruck vorliegt, kann diese Kleingruppe ihn prüfen und ihre Erkenntnisse an die Gemeinde weitergeben. So klärt sich durch gemeinsames Hören und Austauschen weniger Personen: Ist das für eine Einzelperson gedacht oder für die gesamte Gemeinde? Zu welchem Zeitpunkt soll es weitergegeben werden? Oder ist es gar nicht zur Weitergabe geeignet?

> Offene Impulse ohne vorherige Freigabe. Manche prophetischen Eindrücke sind vielleicht nicht so detailliert und konkret, sondern verschlüsselter. Die Gemeinde kann sich dazu entschließen, einen Eindruck trotzdem weiterzugeben, weil sich vielleicht erst dadurch etwas entfaltet. Das kann große Wirkung beispielsweise im Gottesdienst haben.

> Öffentliche Korrektur. Wurde ein Eindruck mitgeteilt, der sich nachträglich als »falsch« oder »falsch gedeutet« erwiesen hat, dann ist es gut, das öffentlich zu korrigieren. Wir erinnern uns: Fehler gehören immer dazu. Nur durch Korrektur kann verhindert werden, dass die Gemeinde dieser geistlichen Gabe den Rücken kehrt und sie »einschlafen« lässt.

Kirchen, die noch wenig Erfahrung im Umgang mit prophetischer Rede und ihrer Prüfung haben, könnten einen Stufenplan aufstellen. Beispielsweise so: Wir öffnen uns ganz bewusst für den Heiligen Geist und bitten ihn, uns prophetische Eindrücke zu schenken. Außerdem bilden wir eine Kleingruppe, der wir Empfangenes zum Prüfen anvertrauen. Durch gemeinsames Prüfen lernen wir nach und nach, zu unterscheiden, einzuschätzen, zu differenzieren. So wächst geistliches Urteilsvermögen. Das Gute wird behalten.

 Welches Setting gibt es bereits in meiner Kirche?

Und wie steht es schließlich um das Fokussieren?

Fokussieren

Was wir heute brauchen
Wenn ich Menschen porträtiere, dann frage ich gerne: »Was ist deiner Meinung nach wichtig in unserer Zeit? Was sollte die Kirche bedenken?« Es ist spannend, welche Impulse dann kommen. Müsste ich selber diese Fragen beantworten, dann würde ich sagen: Lernen, Träumen, Wachsen und Vertrauen sind Codewörter unserer Zukunft.

Demzufolge brauchen wir Durchblick, Kraftwirkungen des Heiligen Geistes, Persönlichkeiten und Vertrauen. Eine hervorragende Aussteuer für unsere Zeit! Zu alldem möchte uns die Jahreslosung ermutigen! Kein Wunder, dass ich Feuer für dieses Wort gefangen habe.

Durchblick: Lernende sein

Im Jahr 2023 hält die Welt den Atem an: Die Situation in Israel eskaliert. In einer Predigt dazu wurden mangelhaftes Interesse und fehlender Durchblick mancher Christen beklagt. Im ersten Moment war ich irritiert. Darf man das denn so formulieren? Sind wir Frommen wirklich manchmal zu desinteressiert, uninformiert, bequem oder abgelenkt durch unsere eigene kleine Welt? Sind auch wir manchmal die, die viel Meinung, aber wenig Ahnung haben? Prüfen wir manchmal nicht das, was zu prüfen wichtig wäre?

Meine Kinder leben mir auf beeindruckende Weise vor, wie sie versuchen, mit unserer Welt klarzukommen. Sie lassen sich nicht davon frustrieren, dass unsere Welt so komplex geworden ist. Sie fliehen nicht ins Private: My home is my castle.

Sondern sie informieren sich umfassend und nutzen dabei unterschiedlichste Quellen. Sie wissen genau, mit welcher Brille jeweils auf diese Welt geschaut wird: beispielsweise eher linksorientiert oder rechtsorientiert. Sie sind offen für Meinungsbildung, verändern deshalb auch schon mal ihre Ansichten. Und sie bilden sich nichts darauf ein, wenn sie etwas zu einem Thema wissen.

Es ist angenehm, mit ihnen in Kontakt zu sein, weil sie nicht überheblich sind. Sie sind mir deshalb ein Vorbild darin geworden, wie man Durchblick gewinnen kann.

Habe ich Vorbilder? Kenne ich Menschen, die um Durchblick bemüht sind?

 Welche Verhaltensweise möchte ich mir von ihnen »abkupfern«?

Durchblick ist wichtig. Lernen wir prüfend dazu!

Kraftwirkungen des Heiligen Geistes:
Sehnsüchtige sein

Es gibt begabte weltliche Künstler, die heute die Hallen Deutschlands füllen. Einer von ihnen ist Biyon Kattilathu.[46] Er geht auf Tour mit seiner »Lebe. Liebe. Lache«-Show und lädt zu Selbstliebe, Achtsamkeit und wahrem Glück ein. Außerdem gibt es zahlreiche esoterische Künstler und Influencer, die u. a. auf Instagram, TikTok und YouTube Verbreitung finden.[47]

Manchmal werde ich sehr nachdenklich, wenn ich davon höre. Ich spüre die Sehnsüchte von Menschen, spirituelles Interesse, Vakuum, Suche und Offenheit. Heiner Rust mahnt zu Recht: »Wir können es uns nicht leisten, in einer zunehmend spirituellen Zeit wie spirituelle Analphabeten unterwegs zu sein.«[48]

Und warum können wir uns das nicht leisten? Weil sonst andere kommen und in diese Lücke springen werden. Weil es sonst vielleicht passieren kann, dass manche Christen sich woanders Orientierung suchen. Und weil es unsere missionarischen Chancen verringert, wenn wir nicht alles ausschöpfen, was möglich ist. Wegweisende Worte und kraftvolle Taten gibt es überall – in Weltreligionen, Esoterik und Wahrsagerei, bei Gurus, Stars und Sternchen des öffentlichen Lebens. Es werden nur leider keine von Gott empfangenen Worte oder Kraftwirkungen sein.

Es ist deshalb wunderbar, wenn wir im eigenen oder im Leben unserer Kirche noch Wachstumsmöglichkeiten sehen:

> Vielleicht fehlen manche Gaben des Heiligen Geistes!
> Vielleicht wünschen wir uns mehr Vollmacht, um Menschen zu dienen!
> Vielleicht vermissen wir sichtbare Kraftwirkungen in Form von Überführung von Fehlverhalten, Befreiung und Heilung.
> Vielleicht lechzen wir nach geistlichem Aufbruch, nach innerem und äußerem Wachstum!

Gott lädt uns ein, dem Heiligen Geist Raum zu geben: Er schenkt Fülle hinein ins Vakuum. Aber dazu ist eine radikale Öffnung nach oben nötig, damit wir seine und unsere Möglichkeiten erkennen. Das braucht keine große Vorbereitung. Es kann hier und heute am Esstisch, beim Waldspaziergang, im Gottesdienst, während einer Sitzung oder am Bügelbrett geschehen: Wir können uns öffnen! Wir strecken uns nach dem Geist Gottes aus. Wenn wir nicht in erster Linie auf unsere eigenen klugen Gedanken vertrauen, sondern dem Geist Gottes die Kontrolle überlassen, werden wir Starkes zu sagen haben!

Es geht darum, als Einzelne und als Kirchen die Kraftwirkungen Gottes zu suchen! Das braucht unsere Welt. Und falls sich unsere Hallen dann ebenfalls füllen werden, umso besser! Sich für die Geschenke des Heiligen Geistes zu öffnen, ist unglaublich spannend. Denn es bedeutet, mit den Folgen zu leben. Vielleicht heißt es, eigene Gedanken, Ideen, Pläne oder Ziele zurückzustellen. Wir werden im Vorhinein keine Ahnung haben, was dann kommt. Aber es wird gut sein.

Mein Ehemann Uli hatte seine Mitarbeit auf einem Bibelwochenende zugesagt. Im Vorfeld bekam er Ermutigung, das trotz eingeschränkter Gesundheit zu übernehmen. Am Reisetag wachte er mit starken Schmerzen auf und war nicht fahrtauglich. Wir waren so enttäuscht! Wollte Gott nicht, dass er fahren sollte? Ich habe ihn zu einigen gesundheitlichen Anwendungen ermutigt und in meiner Verzweiflung inbrünstig für eine Kraftwirkung des Heiligen Geistes gebetet. Was soll ich berichten? Nach sechzig Minuten war er fahrtauglich! Üblicherweise braucht er einen ganzen Tag, bis es ihm in solchen Fällen besser geht. Wir haben das als Kraftwirkung von Gott erlebt.

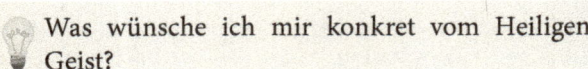 **Was wünsche ich mir konkret vom Heiligen Geist?**

Schreiben Sie Ihr Gebet auf, dichten Sie, malen Sie Ihre Wünsche auf, oder reden Sie darüber mit Ihren Nächsten in der Familiengruppe, der Zweierschaft oder dem Team in Ihrer Kirche. Kraftwirkungen des Heiligen Geistes sind wichtig. Träumen wir groß! Lassen wir uns von unserer Sehnsucht nach vorn ziehen!

Persönlichkeiten: Wachsende sein!
Der Politiker Wolfgang Schäuble starb im Jahr 2023. Seine Tochter Christine Strobl würdigte ihn als »Gesamtkunstwerk«. Er war zweifellos eine starke Persönlichkeit, nicht zuletzt geprägt durch seine bejahende Haltung der Querschnittslähmung gegenüber, die er durch ein Attentat erlitten hatte.

Selbstverständlich kann nicht jeder von uns ein Wolfgang Schäuble werden, sondern wir alle haben unsere ganz individuelle Lebensaufgabe. Judy Garland, US-amerikanische Filmschauspielerin und Sängerin, hat einmal treffend formuliert: »Sei du selbst. Sei eine erstklassige Ausgabe deiner selbst statt eine zweitklassige von jemand anderem.« Wie wir das werden? Indem wir uns selbst prüfen! Das ist die nötige Innenschau, die wir brauchen. Immer wieder halten wir inne und fragen Gott:

 Was hast du für mich auf dem Herzen? Woran möchtest du in meinem Leben feilen?

Eine meiner Freundinnen lebt das auf beeindruckende Weise vor. Sie hat während ihrer Berufstätigkeit ein christliches Werk aufgebaut und geleitet. In ihrer Rentenzeit ist sie immer noch als Seminarleiterin und Seelsorgerin aktiv. Es ist ihr wichtig, eine starke Persönlichkeit zu sein. Deshalb stellt sie Gott Fragen zu ihrem Leben, lässt sich von ihm formen. Erst vor Kurzem hat sie mir berichtet, welches Wort Gott ihr aktuell wichtig gemacht hat. Ich weiß, dass sie das mit in ihre Gebetszeit nimmt. Auf diese Weise wird auch sie immer mehr zu der einmaligen Persönlichkeit, die Gott sich bei ihrer Erschaffung ausgedacht hat.

Möchten auch Sie in Zukunft noch aufmerksamer auf Ihr Leben achten? Hier einige Alltagsimpulse:

Habe ich Zeiten, in denen ich über mein Leben nachdenke? Wann könnte ich diese einrichten?

Welches Buch[49] möchte ich für eine verbesserte Selbstführung lesen? Oder welches Seminar besuchen?

Habe ich Menschen, die in mein Leben hineinreden dürfen?

Persönlichkeiten sind wichtig. Wachsen wir! Nicht zuletzt brauchen wir heute eine Rückkehr zu unseren geistlichen Basics. Dazu gehört:

Vertrauen: Glaubende sein

Wie wichtig ist eigentlich dieses ganze Prüfen? Wir haben gesehen, dass es oft nötig und hilfreich ist. Aber für uns Christen gilt noch etwas: Kontrolle ist gut, Vertrauen ist besser. Das altbekannte Sprichwort – »Vertrauen ist gut, Kontrolle ist besser« –

passt nämlich gar nicht zu uns. Ich finde Folgendes sehr interessant: Das Stichwort prüfen kommt ca. 33 Mal im Neuen Testament vor. Und nur ein einziges Mal spricht Jesus dieses Thema den Pharisäern gegenüber an (Lukas 12,56). Interessant, oder nicht? Gern können Sie einmal nachprüfen, wie oft andere Worte oder Begriffe in der Bibel vorkommen, beispielsweise »Fürchte dich nicht«.

Es ist also wichtig, unser Jahreslosungswort in Relation zu sehen: Nicht das Prüfen soll unsere Hauptbeschäftigung sein, sondern das Vertrauen! Vertrauen zu können, bedeutet zu leben. Es ist die Grundlage von gesunder Beziehung. Denn zu viel Kontrolle führt zu Angst und Zwang. Wer Humor mag, kann sich hierzu den kurzen Clip von Loriot gönnen: »Ich will doch nur hier sitzen!«[50] Wir kennen Kontrolle aus manchen kranken Ehen, Familien oder Freundschaften. In den Auseinandersetzungen zwischen Jesus und den Pharisäern zeigt sich, dass die Pharisäer Kontrollfreaks waren und dabei oft am Leben vorbeigelebt haben.

Das ganze Leben von Jesus war dagegen eine liebevolle Einladung ins Vertrauen! Nähe zu ihm zulassen! Geheilt werden wollen! Vergebung empfangen! Lebensberufung annehmen! Nachfolge wollen! All das geht nur, wenn wir den Schritt nach vorne wagen. Wir setzen alles auf die eine Karte. Auf ihr steht: »Denn das Leben ist für mich Christus und das Sterben Gewinn« (Philipper 1,21; ELB). Das ist radikaler Kontrollverlust. Unser Vertrauensbeweis an Christus im Leben und Sterben. Gutes, das wir unbedingt behalten sollten!

Mein Ehemann hat mir in unseren gemeinsamen Jahren schon viel Vertrauen bewiesen. Im Jahr 2001 waren wir bereits elf Jahre miteinander verheiratet. Dann stürzte ich ab in eine schwerwiegende Lebenskrise und drang zu den Hintergründen meiner damaligen psychosomatischen Schmerzerkrankung durch. Eine anstrengende, fordernde und reich gesegnete Zeit. In den Folgejahren habe ich mich grundlegend verändert: Ich wurde zu der Frau, die ich heute bin!

Was hat das meinem Mann abverlangt? Vertrauen. Vertrauen in mich als Person, in meinen Veränderungsprozess, ins Leben, dass alles gut wird! Er hätte sich auch anders verhalten können: argwöhnisch, misstrauisch, kontrollierend. Er hätte alle vier Wochen nachprüfen können, wie ich mittlerweile denke, fühle, handle und ob ich damit noch passe als seine Frau. Ja, er hätte mir sogar den Laufpass geben können.

Sein Vertrauen war mir ein Geschenk! Es hat mich gestärkt für einen schweren Weg und uns beiden eine vertiefte, gesunde Ehe beschert.

Vertrauen, glauben, hoffen, lieben können ist wichtig! Das ist Leben! Das ist Glaube! Damit ist die Aussteuertruhe für uns alle gut gefüllt!

Was Gott tut

Die Jahreslosung 2025 ist ein geistlicher Schlemmer-
bissen für alle Energiebündel und Aktivitätsnudeln.
Denn sie enthält gleich zwei Imperative (Befehls-
formen): Prüft und behaltet! Klasse. Da weiß man
doch wenigstens, was zu tun ist. Genau das liegt uns
Aktiven doch sehr. Ich bin ja auch so eine. Aber ich
kenne sehr wohl meine Grenzen. Zum Glück möchte
ich mich manchmal zurücklehnen, empfangen, geschehen lassen. Wie wichtig das sein kann, das un-
terschätzen wir häufig.

Glaube braucht sowohl unsere Aktivität als
auch unsere Passivität, damit Gott allumfassend
zum Zug kommt. Deshalb frage ich zum Abschluss
provokant: Wenn wir nun laut Jahreslosung so viel
tun sollen, was macht eigentlich Gott in dieser Zeit?
Was steht auf seiner Agenda? Die Antwort darauf
überrascht.

Passivität im positiven Sinne bedeutet nicht nur,
auf Jesus hören zu wollen, sondern auch, ihn noch
umfangreicher handeln zu lassen. Erfreulicherweise hat er sich nämlich Großes vorgenommen.
In den Versen, die auf unsere Jahreslosung folgen,
betet Paulus Gottes aktives Wirken in unser Leben
hinein: »Der Gott des Friedens heilige euch durch
und durch. Er schütze euren Geist, eure Seele und
euren Körper, damit sie unversehrt sind, wenn Jesus
Christus, unser Herr, wiederkommt. Gott, der euch

berufen hat, ist treu; er wird halten, was er versprochen hat« (1. Thessalonicher 5,23-24).

Egal, was Sie sich nach dem Lesen dieses Buches vorgenommen haben – sei es persönliche Selbstprüfung, weniger Urteilen, Streben nach prophetischer Rede oder etwas ganz anderes –, es wird viel kleiner sein als das, was Gott übernimmt. Was verspricht er uns? Schutz von Geist, Seele und Körper bis ans Ende unserer Tage. Er ist der Hüter unseres Lebens. Er navigiert uns durch alle Herausforderungen. Das tut er sowohl für uns als Einzelne als auch für unsere Kirchen. Wow! Ich glaube nicht, dass wir das bis in alle Tiefen erfassen. Wir werden sein Formen und Wirken auch nicht immer sehen, denn manches geschieht zunächst unsichtbar. Aber er hat es versprochen! Während wir manchmal unterwegs erlahmen, Vorsätze vergessen, Ablenkung zulassen, den Fokus verlieren, ist Gott einfach treu und grundsätzlich zuverlässig.

Gott erwartet sicherlich unser Engagement und unser Ausgerichtetsein auf ihn, aber unsere Heiligung bleibt letztlich ein Akt Gottes!

Gott möchte durch uns in dieser Welt wirken. Das ist sein Ziel! Je mehr wir uns durch ihn formen lassen, desto mehr kann das geschehen. Wir geben uns hin. Wir treten zurück. Damit er als der Große, Vergebende, Wundenheiler, Befreier und Erlöser Raum gewinnt. Gott handelt also durch uns in dieser Welt. Nicht durch Perfekte und Selbstoptimierte, sondern durch Begnadigte.

Wo haben ich das persönlich erlebt, dass Gott sogar meine Schwachheit oder meinen Zerbruch benutzen konnte, um anderen Menschen Gutes zu tun?

Was wir zu erwarten haben

Wird diese Welt und unser Privatleben einfacher werden? Weniger komplex oder herausfordernd? Und wird es für uns als Kirche leichter werden? Schön wäre es, aber ich denke nicht, dass das zu erwarten ist. Die Bibel spricht sehr realistisch davon. Umso wichtiger ist es, uns immer wieder vom Negativen loszureißen. Den Fokus auf das Gute zu richten! Auf Chancen, Wahrheiten, Lösungen, Wachstum, Vertrauen und Liebe. Auf das Reich Gottes. Das können wir trainieren.

Es ist Mitte Januar 2024. In den letzten vierundzwanzig Stunden habe ich sowohl im Leben meiner Familie als auch in meiner Kirche und dieser Welt Herausforderungen wahrgenommen: Beeinträchtigungen durch Bahnstreik, Mitarbeitermangel in der Kirche, Proteste gegen Rechtsradikale. Anschließend habe ich die Wahl: Ziehe ich mich zurück ins Private? Ertrinke ich im Negativen, in Sorgen und scheinbar unlösbaren Problemen? Oder suche ich aktiv das Gute? Setze ich mein Vertrauen auf den Herrn dieser Welt?

Gott ist groß und bleibt Herr dieser Welt. Ich kann mich fallen lassen in seine Liebe! Schon ein

Stoßgebet lässt mich erneut an seine Möglichkeiten andocken. Ich werde mit Ruhe, Frieden und Gelassenheit beschenkt. Manchmal hat das sogar zur Folge, dass mir eine kreative Lösung einfällt. Vielleicht erkenne ich, wie ich meinen Alltag umorganisieren könnte, wen ich als Mitarbeiter vorschlagen kann, oder ich entschließe mich zur Teilnahme an einem Protestmarsch. Ich habe die Wahl, ob ich mich vom Negativen losreißen möchte oder nicht! Wir haben täglich die Möglichkeit, das Gute zu fokussieren!

Lernen, träumen, wachsen und vertrauen – meiner Meinung nach steckt darin unglaublich viel Gutes, das zu behalten sich lohnt.

Danke

Danke all denen, die mir durch Worte oder Lebensführung die Bibel in den Fokus gerückt haben:

Vor allem meinem Ehemann und Bibelliebhaber Uli Wendel. Es ist einmalig, mit dir, meinem wandelnden Bibellexikon verheiratet zu sein, viel auszutauschen und trotzdem eigenständig zu arbeiten!

Außerdem meinen Großeltern, Marie und Karl Engelmann, die täglich zwei Kapitel Bibel gelesen haben. Als Kind fand ich das unglaublich ermüdend, heute denke ich: Was für ein krasses Ritual!

Meinen Eltern, Ingrid und Reinhard Przygodda. Ihr habt die Bibel immer wertgeschätzt.

Meinem Sohn Nils Wendel. Du hast in jungen Jahren Feuer gefangen.

Meinem ersten Pastor, Dieter Vogt. Der biblische Unterricht bei dir hat mir ein sattes Fundament fürs Leben gegeben.

Danke euch, deren Vorträge, Artikel, Bücher und Predigten mich nach wie vor besonders inspirieren: Deborah Sommer, Birgit Schilling, Cornelia Sandersfeld-Zanic, Christina Bräcker, Andreas Malessa, John Mark Comer, Michael Herbst, Edwin Peter Brandt, Henri Nouwen, Michael Bendorf, Heinrich Christian

Rust, Timo de Buhr und Markus Bräuer. Bei euch erlebe ich Wertschätzung der Bibel gegenüber, Authentizität, Tiefe, Zuspitzung und Leidenschaft.

Danke meinem geistlichen Freund Michael Bendorf, Pastor der Friedenskirche in Braunschweig, für konstruktiven Austausch über den Geist, der uns verbindet.

Danke, Tabea Halbmeyer, Lektorin im SCM-Verlag. Wie schön ist es, mit dir zusammenzuarbeiten und wohlwollend kritisch an Texten zu feilen! Danke für dein Know-how und dein Vertrauen in meine Arbeit.

Danke, Damaris Müller, Lektorin. In bewährter Form haben Sie das Manuskript durch Ihre wertschätzenden und konstruktiven Hinweise vorangebracht. Danke für Ihre Genauigkeit und Ihr Wissen.

Danke, Jürgen Asshoff, Presse- und Öffentlichkeitsreferent bei SCM R.Brockhaus. Du unterstützt auf deine einzigartige, menschenfreundliche und verantwortungsvolle Art und Weise.

Danke, Gott, für dein Wort. Manchmal reibe ich mich daran, manchmal fordert es mich extrem heraus, manchmal verstehe ich es nicht. Aber immer wieder schenkt es auch den Gottmoment oder die Einsicht, die ich aktuell brauche. Dein Wort überdauert die Zeit.

Anmerkungen

1 John Mark Comer: Ruhe. Arbeit. Ewigkeit. Der göttliche Rhythmus von Ruhe und Arbeit für dein Leben, SCM R.Brockhaus Verlag, Holzgerlingen 2023, S. 18.

2 Royal Rangers: christliche Pfadfinder, die eine geistliche, naturbezogene Arbeit für 4- bis 17-Jährige anbieten.

3 Jack Deere: Das Geschenk der Prophetie für Einsteiger, Gerth Medien, Aßlar 2002, S. 10, 21, 22.

4 Kurt Puttkammer: Die Briefe an die Thessalonicher, Oncken Verlag, Kassel 1958, S. 68.

5 Heinrich Schlier: Der Apostel und seine Gemeinde. Auslegung des ersten Briefes an die Thessalonicher, Herder Verlag, Freiburg i. Br. 1972, S. 9.

6 Anmerkung zu 1. Kor 14,29 in: Die Orientierungsbibel (Hrsg.: Ulrich Wendel), SCM R.Brockhaus Verlag, Holzgerlingen 2. Aufl. 2022, S. 1632.
Die Korinther bekommen folgende Lehräußerungen zur prophetischen Rede: 1. offenbarter Wortbeitrag; 2. unmittelbar verständlich; 3. unter Kontrolle des prophetisch Redenden; 4. soll als Gabe erbeten werden; 5. Funktion ist Ermahnung, Ermutigung und Lehre; 6. kann göttliche Einsichten in Situationen oder Herzen schenken; 7. Gemeinde muss prüfen und beurteilen.
Eckhard Schnabel: Der Brief des Paulus an die Römer, Kapitel 6–16, SCM R.Brockhaus Verlag, Witten 2016, S. 602.

7 Siehe auch Ulrich Wendel: Die erstrebenswerte Gabe. Prophetie in der christlichen Gemeinde heute – neutestamentliche Erkundungen, Neukirchen-Vluyn 2000, S. 9.

8 Siegfried Großmann: Ich brauche täglich deine Kraft. Mit dem Heiligen Geist leben, Brunnen Verlag, Gießen 2004, S. 23.

9 Ursula und Manfred Schmidt: Hörendes Gebet. Grundlagen und Praxis, GGE Verlag, Hannoversch Münden 2017, S. 222.

10 Jack Deere, a. a. O., S. 44.

11 Sonja Sorbara: Du sprichst zu mir. Wie Gottes Stimme dein Leben prägt, SCM R.Brockhaus Verlag, Holzgerlingen 2021, S. 149.

12   Mike Bickle: Der prophetische Dienst – wie Gott ihn sich gedacht hat, Asaph-Verlag, Lüdenscheid 2018, S. 31.

13   In Bezug auf prophetische Rede gibt es unterschiedliche Begabungsebenen. Häufig werden vier genannt. Das erwähnte Beispiel kann man als einfache Prophetie bezeichnen. Wer hier tiefer graben möchte, den verweise ich auf weiterführende Literatur.

14   Ursula und Manfred Schmidt, a.a.O., S. 100.

15   Ulrich Wendel, a.a.O., S. 138.

16   Ursula und Manfred Schmidt, a.a.O., S. 187.

17   Jürgen Blunck: Prüfen/Sich bewähren, in: Biblisches Wörterbuch, hrsg. v. Ulrich Laepple, R.Brockhaus Verlag, Witten 2014, S. 434.

18   Das griechische Wort »*dokimázō*« (prüfen und erproben) kommt übrigens ungefähr 30 Mal im Neuen Testament vor. Ähnlich häufig im Alten Testament. Ein großer Unterschied besteht darin, dass es dort Gott ist, der die Herzen, die Hingabe oder Worte prüft.

19   Fritz W. Röcker: Der erste Brief des Paulus an die Thessalonicher, SCM R.Brockhaus Verlag, Holzgerlingen 2021, S. 303.

20   Thomas Härry: Von der Kunst, sich selbst zu führen, SCM R.Brockhaus Verlag, Witten 2015, S. 30.

21   Charles Bello und Christian Reschke: Gebet als Begegnung. Kontemplatives Leben im 21. Jahrhundert, Grain Press, Vaihingen/Enz 2008, S. 12.

22   Praktische Anleitung dazu gibt es in meinem Buch: Weniger. Was wir brauchen, um mehr Leben zu haben, SCM R.Brockhaus Verlag, Holzgerlingen 2022, S. 33.

23   Tobias Faix: Würde Jesus bei Ikea einkaufen? Herausforderungen zur ganzheitlichen Nachfolge, Neufeld Verlag, Schwarzenfeld 2008.

24   A.a.O.: Weniger. Was wir brauchen, um mehr Leben zu haben, Kapitel 1.

25   Die HelpFinder Bibel, SCM R.Brockhaus Verlag 2021.

26   Thompson Studienbibel, SCM R.Brockhaus Verlag 2021 (9. Auflage).

27   https://www.bibleserver.com/, aufgerufen am 14.03.2024.

28   Empfehlenswert ist beispielsweise der Podcast: Karte und Gebiet. Ethik zum Selberdenken. https://karte-und-gebiet.de/, aufgerufen am 28.02.2024. Hier setzen sich die Theologen Dr. Tobias Faix und Dr. Thorsten Dietz mit unterschiedlichen ethischen Fragestellungen auseinander. Selbst wenn man nicht mit allen Gedankenanstößen und Schlussfolgerungen übereinstimmt, gewinnt man hier einen Überblick über schwierige Themen wie: Gleichberechtigung, Transidentität, Gender u.a.

29 Anregungen dazu bietet Christiane Sautter: Ist das Gott oder
    bin das ich? Meine unbewussten Denkmuster erkennen und
    Gottes Willen näherkommen, SCM Hänssler Verlag, Holzger-
    lingen 2023.

30 Außerdem Philipper 1,10.

31 Das Neue Testament nennt noch eine weitere Aufgabe, nämlich
    Diakone auf ihre Eignung hin zu prüfen, 1. Timotheus 3,10. Da
    das den Rahmen dieses Buches sprengen würde, habe ich es
    nicht berücksichtigt.

32 Siehe: Walter Klaiber: Der erste Korintherbrief, Neukirchener
    Verlag, Neukirchen-Vluyn 2011, S. 189.

33 Thomas Joussen: Thomas' Gedanken, in: Schön ohne aber. Wie wir
    von Körperhass zu Körperliebe finden, hrsg. v. Eva-Maria Admiral/
    Annette Friese, SCM Hänssler Verlag, Holzgerlingen 2020, S. 71.

34 Werner de Boor: Wuppertaler Studienbibel: Die Briefe des Jo-
    hannes, R.Brockhaus Verlag, Wuppertal 1960, S. 109.

35 Peter Schneemelcher: Die Gnosis, in: Erlemann/Noethlichs/
    Scherberich/Zangenberg (Hrsg.): Neues Testament und antike
    Kultur, Neukirchener Verlag, Neukirchen-Vluyn 2005, S. 70.

36 Werner de Boor: a.a.O., S. 107.

37 Jack Deere: a.a.O., S. 134.

38 Evangelische Orientierungen inmitten weltanschaulicher Viel-
    falt, hrsg. vom Zentrum Ökumene, Frankfurt a.M., Mai 2020,
    S. 200ff.

39 https://www.ezw-berlin.de/publikationen/artikel/die-versie
    gelten-der-endzeit/, aufgerufen am 28.02.2024.

40 Wolfgang Bittner: Gut/Gütig. in: Biblisches Wörterbuch, hrsg. v.
    Ulrich Laepple, SCM R.Brockhaus Verlag, Witten 2014, S. 249.

41 Stephen D. Renn/Michael Dennstedt (Hrsg.): Exegetisches
    Handwörterbuch zur Bibel, SCM R.Brockhaus Verlag, Witten
    2018, S. 234.

42 Chris Pahl/Karsten Kopjar: Selig sind die Handynutzer. Wie
    Medien den Glauben rauben – wie Medien den Glauben stär-
    ken, Brunnen Verlag, Gießen 2020.

43 https://www.tagesschau.de/faktenfinder; https://www.dpa.com/
    de/faktencheck; https://correctiv.org/; https://www.mimikama.
    org/, aufgerufen am 28.02.2024.

44 Neben der Basiskompetenz aller Christen gibt es das Charisma
    der Geisterunterscheidung, also die besondere Fähigkeit, Ge-
    danken, Gefühle und Prophetien prüfen zu können. Das will
    und wird Gott Einzelnen schenken. Dieses Charisma sollte die
    Gemeinde sich zunutze machen.

45 Weitere Vertiefungen dazu in den unten angegebenen Büchern zur prophetischen Rede und zur Gabe der Geisterunterscheidung.

46 https://biyon.live, aufgerufen am 28.02.2024.

47 https://www.zdf.de/kultur/13-fragen/esoterik-13f-100.html, aufgerufen am 28.02.2024.

48 Heinrich Christian Rust: Herr, bist du es? Von der Gabe der Geisterunterscheidung, SCM R.Brockhaus Verlag, Witten 2017, S. 11.

49 *Einige gute Bücher zum Thema Selbstführung:*
Artur Siegert: Die Kunst des Einflussnehmens. Wie du wirksam lebst und dein Umfeld prägst, SCM R.Brockhaus, Holzgerlingen 2019.
Thomas Härry: Von der Kunst, sich selbst zu führen, SCM R.Brockhaus, Witten 2015.
Richard Rohr/Andreas Ebert: Das Enneagramm: Die neun Gesichter der Seele, Claudius Verlag, München 2019.

50 https://m.youtube.com/watch?v=B2p6132ix_A, aufgerufen am 28.02.2024.

Weitere Literaturangaben:

Bill Hybels: Gottes leise Stimme hören. Wie Gott zu uns spricht – und was passiert, wenn wir ihm folgen, SCM R.Brockhaus Verlag, Witten 2011.

Ralf Luther: Grundworte des Neuen Testaments. Eine Einführung in Sprache und Sinn der urchristlichen Schriften, SCM R.Brockhaus Verlag, Witten 2014.

Marianne und Wolfgang Peuster: Gott spricht in meinen Tag hinein. Prophetische Bilder, Träume, Visionen – ein Leitfaden für den Alltag, GGE Verlag, Hannoversch Münden 2014.

Erasmus Schmidt: Concordance to the Greek New Testament, Ekdotikos Oikos »Aster« Verlag, Athen 1984.